개념 잡는 수학툰

❸ 약수, 배수, 소수에서 페르마의 마지막 정리까지

정완상 지음 | 김민 그림

중학교에서도 통하는 초등수학
개념 잡는 수학툰

③ 약수, 배수, 소수에서 페르마의 마지막 정리까지

전)전국수학
교사모임
이동흔 회장
추천 도서

성림주니어북

개념 잡는 수학툰 이렇게 구성되었어요!

판타지 만화로 재미까지 잡는 〈수학툰〉

저자만의 톡톡 튀는 아이디어가 가장 잘 살아있는 꼭지인 수학툰!
어려울 수 있는 수학, 이렇게 재미있게 시작할 수 있습니다.

초·중·고 수학 교과서와 함께 봐요!

초·중·고 수학 교과서는 서로 그 흐름이 연결됩니다. 이 책은 초·중·고 수학 교과서의 흐름을 한 눈에 살펴볼 수 있도록 구성했습니다.

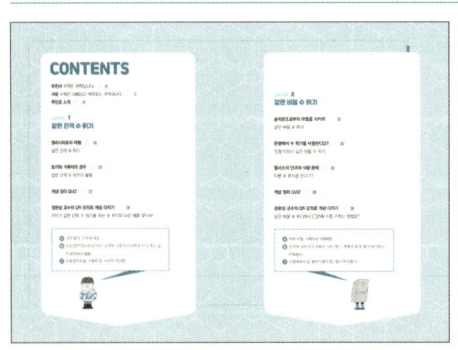

잘 이해했는지 다시 한 번 정리하는 〈개념 정리 QUIZ〉

본문에 나오는 내용을 잘 이해했는지 〈개념 정리 QUIZ〉를 직접 풀어 보고, 부록에 실린 정답 페이지에서 풀이 과정까지 자세히 살펴볼 수 있습니다.

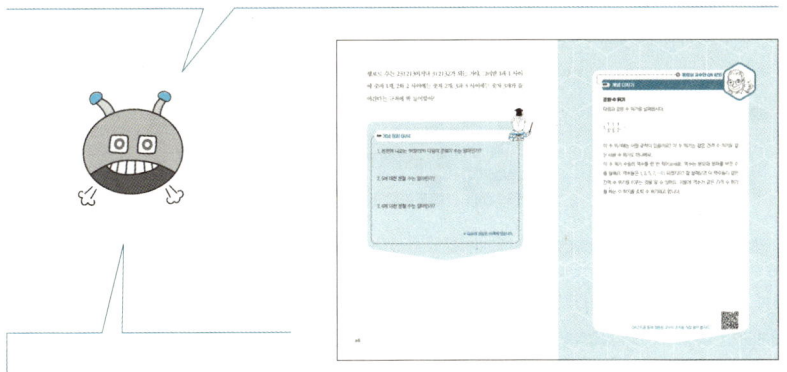

저자 직강 동영상 강좌 연계 〈정완상 교수의 QR 강의 개념 다지기〉

저자가 이 책의 독자들만을 위해 직접 강의한 동영상을 QR코드를 탑재해 연결되도록 구성했습니다. 재미 잡는 수학툰, 풍부한 삽화로 이해를 돕는 본문, 다시 한 번 정리하는 개념 정리 QUIZ에 이어 저자 직강 동영상 강좌를 QR코드로 만나 보세요.

초·중·고 수학 교과서 속 용어가 어려울 땐 이 책에서 연계 용어로 찾아보세요!

이 책에서는 초·중·고 수학 교과서 속 어려운 용어들을 독자들이 이해하기 쉬운 용어로 풀어 썼습니다. 교과서와 자연스럽게 연계가 되도록 용어 정리와 찾아보기 페이지를 함께 두었습니다. 수학 교과서로 공부를 하다가 이해가 잘 안 될 때, 이 책을 읽다가 교과서 속 용어가 궁금할 때는 〈수학 교과서 속 용어 정리 & 찾아보기〉에서 쉽게 찾아보세요.

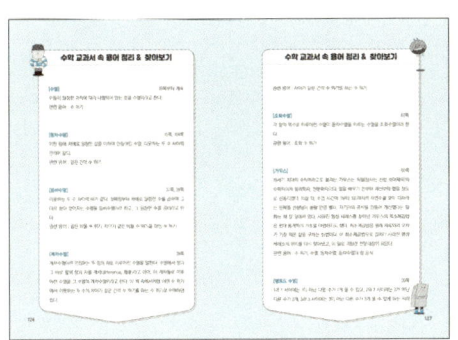

정완상 교수의

개념 잡는 수학툰

③ 약수, 배수, 소수에서 페르마의 마지막 정리까지

초·중·고 수학 교과서와 함께 읽어요

초등학교 수학	5학년 약수와 배수 5학년 약분과 통분 5학년 분수의 곱셈 6학년 분수의 나눗셈 6학년 비와 비율
중학교 수학	1학년 소인수 분해 1학년 정수와 유리수 2학년 유리수와 순환소수 2학년 피타고라스의 정리
고등학교 수학	수학(상) 다항식

CONTENTS

추천사 1 수학과 삶이 이어지는 경험이 되기를 /// 14
추천사 2 이 책은 이야기로 풀어 쓴 한 편의 드라마 같은 책입니다 /// 16
추천사 3 문장제 문제에 약한 친구들도 빠져드는 수학툰 /// 20
서문 수학은 아름답고 재미있는 과목입니다 /// 23
프롤로그 /// 26

GAME 1
약수

페르마니아로의 여행 /// 32
약수와 약수의 개수

완전수와 부족수 그리고 과잉수 /// 36
진약수의 합으로 알아볼까?

친구수와 부부수 /// 38
두 자연수의 약수들이 갖는 특별한 관계

개념 정리 QUIZ /// 41
정완상 교수의 QR 강의 **개념 다지기** /// 42
약수 응용 문제

- 초 약수와 배수, 약분과 통분
- 중 소인수 분해
- 고 다항식

GAME 2
최대 공약수

페르마니아 수학 요리왕 대회 /// 48
최대 공약수를 찾아라!

최대 공약수의 활용 /// 54
직육면체 치즈를 정육면체로 만드는 방법은?

개념 정리 QUIZ /// 57
정완상 교수의 QR 강의 **개념 다지기** /// 58
유클리드의 호제법

> 초 약수와 배수, 약분과 통분, 비와 비율, 직육면체
> 중 소인수 분해
> 고 다항식

GAME 3
배수와 최소 공배수

배수를 구하는 방법 /// 65
어떤 수의 배수인지 빠르게 찾아라!

공배수와 최소 공배수의 관계 /// 70
최소 공배수를 구하는 방법과 그 활용

개념 정리 QUIZ /// 78
정완상 교수의 QR 강의 **개념 다지기** /// 79
최소 공배수의 응용

- 초 약수와 배수, 약분과 통분, 비와 비율, 분수의 곱셈
- 중 소인수 분해
- 고 다항식

GAME 4
소수의 신비

소수를 이용한 비밀 편지 /// 84
쪽지 시험과 선생님의 마지막 수업

소수를 찾는 방법 /// 85
에라토스테네스가 소수를 찾는 방법

쌍둥이 소수와 사촌 소수 /// 88
재미있는 이름이 붙은 소수들

소인수 분해 /// 89
자연수를 소수들만의 곱으로 나타내라!

개념 정리 QUIZ /// 92
정완상 교수의 QR 강의 **개념 다지기** /// 93
소수가 무한히 많음을 증명하라!

- 초 약수와 배수, 약분과 통분, 규칙 찾기, 규칙과 대응
- 중 소인수 분해
- 고 다항식

GAME 5
소수를 찾아서

메르센느의 소수 /// 98
소수의 규칙에 대한 이야기

오일러의 공식 /// 102
소수가 만들어지는 다항식을 발견하다!

윌슨의 소수 판별 /// 103
팩토리얼을 이용한 간편한 방법

골드바흐의 추측 /// 105
아직도 증명되지 못한 세계 3대 수학 난제 중 하나!

개념 정리 QUIZ /// 108
정완상 교수의 QR 강의 **개념 다지기** /// 109
완전수를 만드는 공식

- 초 약수와 배수, 약분과 통분
- 중 소인수 분해
- 고 다항식

GAME 6
페르마의 마지막 정리

페르마의 마지막 정리 /// 114
10세 소년, 와일즈의 도전

개념 정리 QUIZ /// 118
정완상 교수의 QR 강의 **개념 다지기** /// 119
페르마의 소수 공식

- 초 약수와 배수, 약분과 통분, 정수와 유리수
- 중 소인수 분해, 피타고라스의 정리
- 고 다항식

부록 /// 121
수학자에게서 온 편지 - 페르마
[논문] 3의 배수, 4의 배수 및 7의 배수 판별법에 관한 연구
개념 정리 QUIZ 정답 /// 130
용어 정리 & 찾아보기 /// 136

| 추천사 1 |

수학과 삶이 이어지는 경험이 되기를

세상은 무엇으로 만들어져 있을까요? 고대 철학자들은 세상을 구성하는 물질에 관심이 많았습니다. 탈레스는 모든 것이 물에서 시작된다고 보았고, 아리스토텔레스는 세상이 물, 불, 흙, 공기로 구성된다고 보았습니다. 오늘날 사람들의 눈에는 고대 철학자들의 생각이 터무니없어 보일 수도 있을 것입니다. 그렇다고 고대 철학자들의 이런 생각이 헛된 것일까요? 비록 정확하지 않았더라도 세상의 본질을 밝히고자 했던 그들의 노력, 탐구 의식은 높이 평가해야 할 것입니다.

저는 학생들이 고대 철학자와 같은 마음으로 수학을 보면 좋겠습니다. 일상생활에서 마주하는 현상들을 수학적으로 탐구한다면 어떨까요? 학생들이 생활하는 교실 안에서도 많은 수학적 원리를 발견하게 될 것입니다. 행과 열로 이루어진 학급 자리 배치에서 '행렬'을 발견할 수 있고, 자리를 바꾸는 날 새로운 짝꿍을 만나는 데에도 '확률'을 생각하게 될 것입니다. 학급 모둠원을 구성하는 데에서 '나눗셈'을 떠올릴 수 있고, 학급 친구들을 특성에 따라 분류하면서 '집합'의 개념도 이해할 수 있을 것입니다. 이처럼 학생들이 수학을 세상을 보는 '눈'으로 생각한다면, 수학은 단순한 문제 풀이의 도구가 아니라 삶의 재미있는 법칙을 찾아내는 유용한 학문으로 인식될 수 있을 것입니다.

이 책은 세상을 수학적으로 볼 수 있는 '눈'을 키워 줄 책입니다. 학년마다 단편적으로 학습했던 수학적 지식을 '주제'별로 통합하여 연결함으로써, 수학적 개념이 학생들의 삶과 이어지게 하였습니다. 학생들은 책 속의 이야기와 상황에 몰입하면서 수학적 개념과 원리를 재미있게 경험할 것입니다. 이 책은 수학을 어려워하는 학생에게는 수학에 대한 기분 좋은 경험이 되어 줄 것이고, 수학을 좋아하는 학생에게는 수학의 가치를 발견하는 기회가 되어 줄 것입니다. 이 책을 통해 많은 학생들이 수학과 삶을 잇는 경험을 쌓고, 수학을 사랑하는 마음을 키워 가기를 기대해 봅니다.

이운영, 조치원대동초등학교 교사

| 추천사 2 |

이 책은 이야기로 풀어 쓴
한 편의 드라마 같은 책입니다

인간이 어떤 대상에 수라는 도구를 사용한다는 것은 그 대상에 합의된 가치를 부여하겠다는 것을 의미합니다.

무게라는 합의된 가치
길이라는 합의된 가치
넓이라는 합의된 가치
부피라는 합의된 가치
'많다'라는 합의된 가치
'적다'라는 합의된 가치

마찬가지로, 인간이 약수라는 수의 형식을 사용한다는 것은 일정 가치를 공평하게 분배할 합리적인 대안을 찾았음을 의미하지요. 약수란 어떤 정량화된 양을 일정한 사람들에게 공평하게 분배하는 방법의 다양성을 의미합니다. 작가는 수학툰과 이야기를 통해 말합니다. 12의 약수가 1이라는 것은 12개의 정량화된 가치를 1개씩 12명에게 나누어 줄 수 있음을 의미하고, 2개씩 6명에게 나누어 줄 수 있음을 의미한다고. 또 3개씩 4명에게 나누어 줄 수 있으며, 4개씩 3명에게 나누어 줄 수 있고, 6개씩 2명에게 나눠 줄 수 있으며, 12개씩 1명에게 나누어 줄 수 있음을 의미한다고. 이를 통해 공평한 분배가 가능한 여러 상황을 약수라는 개념으로 보여 줍니다.

인류는 이런 방법을 활용해 다양한 분배가 가능한 가장 작은 수 60을 찾아 60진법을 만들고, 이 수를 활용해 세상의 모든 상황을 표현하고 나타내려 하였습니다. 아마도 당시 수학은 이런 분배 가능 여부가 매우 중요한 가치였기 때문일 것입니다.

작가는 완전수라는 수를 중심으로 부족수와 과잉수, 친구수(친화수)와 같은 재미있는 수를 찾아가며, 수에 놓인 규칙을 찾아 나섭니다. 재미없게 느껴지는 연산의 대상을 놀이의 대상으로 삼아 재미있는 수학 활동을 수행하게 되는데, 이러한 과정은 이 책이 우리에게 주는 의미입니다. 수가 의미를 찾아가는 방식을 때로는 그림으로, 때로는 이야기로 풀어 쓴 한 편의 드라마 같은 책입니다.

이 책을 지금 바로 읽어 보길 추천합니다.

작가는 이 책에서 2015년 개정 교육과정 중 초등 교육과정에서 중등 교육과정까지 배우게 되는 자연수, 약수, 배수, 최대 공약수, 최소 공배수, 소수 등에 대해 다루는데, 초등학생 수준의 이야기로, 만화 형식으로, 그림으로 재미있고 쉽게 풀어 설명합니다. 그렇다고 이 책이 마냥 초등학생 수준의 쉬운 이야기만 다루는 것도 아닙니다. 중고등학교에서 심화되는 소인수 분해는 물론 소수 판별법, 배수 판별법, 유클리드의 호제법 그리고 수학자들도 이해하기 어렵다는 페르마의 마지막 정리까지 다루고 있으니까요. 그러나 작가는 수학자들도 이해하기 어려운 페르마의 마지막 정리를 독자들에게 강제로 이해시키려 노력하지 않습니다. 10살이었던 앤드류 와일즈가 『페르마의 마지막 정리』라는 책을 읽고 이 문제를 풀고야 말겠다는 꿈을 간직한 채, 30여 년 동안 노력해 결국 그 꿈을 이뤘다는 데 주목하고 있습니다. 350여 년 동안 그 누구도 풀지 못했던 난제, 페르마의 마지막 정리는 10살에 불과했던 한 어린이가 수학을 향한 꿈을 꿀 때 이미 풀리기 시작했음을 말하고 있습니다. 작가가 서문에서도 말하는 '이 책을 통해 독자들의 어린 시절이, 세계적인 수학자의 어린 시절이 되기를 바라는 간절한 마음' 그러니까 수학을 향한 꿈을 꾸라는 메시지가 바로 이 이야기 속에 녹아있는 듯 합니다.

이 책에서 작가는 만화의 형식을 빌려 어렵게 여겨지는 수학을 매우 친밀하게 다가가도록 해서 수학에 감정과 정서를 담아 표현했습니다. 수학툰 속의 삼총사들은 우리들의 호기심을 대변해 질문과 설명을 대

신하기도 합니다. 이 책을 읽다 보면, 아마도 여러분은 자연수의 재미있는 성질들에, 수가 의미를 찾아가는 방식을 풀어 쓴 한 편의 드라마 같은 이야기에 푹 빠져 있는 자신을 발견하게 되지 않을까요?

이동흔, 전) 전국수학교사모임 회장

| 추천사 3 |

문장제 문제에 약한 친구들도 빠져드는 수학툰

수학 문장제 문제를 어려워하는 친구들이 생각보다 많습니다. 과거의 초등수학은 정해진 답을 맞히는 것이 목적이었다면, 이제는 알고 있는 지식을 새롭게 창조해 낼 줄 아는 능력을 중요시하는 추세입니다. 서술형 문제인 문장제 문제는 실생활과 관련된 수학적 상황을 인지하고 해결해 나가는 과정을 통해 문제 해결력을 키우기에 꽤 효과적입니다. 하지만 문자보다 영상이나 그림 등에 익숙한 요즘의 친구들은 읽고 이해해야 할 것이 많은 수학 문장제, 즉 서술형 문제를 스스로 읽는 것부터 어려워합니다.

 이 책은 이런 친구들도 직접 정완상 교수님의 수업을 듣는 듯한 착각이 들 정도로 몰입할 수 있게 하는 여러 가지 요소들이 잘 갖춰져 있습니다. 또 저자는 친구들이 궁금해할 만한 상황을 정확히 알고 있고 이를 명쾌하게 해결해 줍니다. 이 책을 읽는 동안 수학을 잘하는 친구들은 수학에 더 재미를 붙일 수 있을 것이고, 스스로를 수포자라고 생각했던 친구들은 자기도 모르게 수학 실력이 향상되는 마법 같은 경험도 할 수 있을 것입니다.

이 책은 문장제 문제에 약한 주인공 코마의 질문과 상상이 글의 흐름을 재미있게 이끌어 줘서 책을 읽는 동안 초·중·고 수학 교과의 중요한 영역인 각 주제들에 대해 어느새 깊이 빠져듭니다. 중간중간 삽입된 시공간을 넘나드는 만화 형식의 판타지 수학툰은 단원의 흐름을 재미있게 이끌고 있어 친구들의 호기심을 증폭시킵니다. 가볍게 술술 읽히지만 꼭 알아야 할, 수학 탐구 주제에 바로 적용할 수 있는 신비롭고 재미있는 이야기들이 가득 담긴 책입니다.

마지막으로 서문에서 밝힌 정완상 교수님의 말씀처럼 이 책을 읽는 모든 학생들의 어린 시절이 세계적인 수학자의 어린 시절이 되기를 저 또한 희망합니다.

박정희, 매쓰몽 대치본원 대표

| 서문 |

수학은 아름답고
재미있는 과목입니다

QR코드를 통해
정완상 교수의 강의를
직접 들어 봅시다.

수학은 아름답고 재미있는 과목입니다. 이 아름다운 과목은 첫발을 잘못 들이면 이 세상에서 제일 싫어하는 과목이 되기도 합니다. 대신에 어린 시절부터 재미있는 수학책을 접해 수학의 재미를 느끼게 되면 수학을 좋아하게 되고, 따라서 수학에 대한 자신감을 가지게 되지요.

이 책은 그런 의도로 기획되었습니다. 수학을 좋아하는 초등학생들과 수학이 재미없어지기 시작한 청소년들을 위해 주제별로 수학이 재미있는 것이라는 것을 알려 주는 것이 이 책의 가장 큰 목적입니다. 그러기 위해 중학교나 고등학교에서 배우는 내용이나 그 이상의 수학 내용도 초등학생이 소화할 수 있도록, 초등학생이 이해할 수 있는 단어로 설명했습니다. 이 책은 만화로 구성된 수학툰이 전체 이야기를 이끌어 가는 구성입니다. 그래서 독자들이 재미있는 스토리를 통해 수학의 중요한 개념을 이해할 수 있을 것이라 생각합니다.

수학자들은 매우 논리적인 사람들이면서 동시에 엉뚱한 생각을 많이 하는 사람들입니다. 엉뚱한 생각을 논리적으로 접근하면 이 세상 누구도 본 적이 없는 새로운 수학의 세계로 사람들을 초대합니다. 이 책에 등장하는 약수, 배수 그리고 소수에 대해 연구를 한 수학자들 역시 그러합니다. 이 책은 자연수의 재미있는 성질들을 알려 주기 위해 기획되었습니다. 약수, 배수, 최대 공약수, 최소 공배수, 소수 등에 대해 초등학생 수준의 이야기를 시작으로 수학을 평생 연구하는 사람도 이해하기 어렵다는 페르마의 마지막 정리까지 다루었습니다. 사실 이 책에 설명된 와일즈의 증명을 이해할 수 있는 수학자는 전 세계를 통틀어 손에 꼽을 수 있을 정도라고 합니다. 하지만 여기서 중요한 것은 와일즈가 페르마의 마지막 정리를 증명하겠다는 야심 찬 포부를 가지게 된 것이 초등학생 때라는 점입니다. 여러분들도 지금 위대한 수학자가 되고 싶다는 꿈을 향한 메모를 여러분의 비밀 수학 노트에 적어 놓을 수 있습니다. 그리고 여러분이 더 많이 공부한 후 다시 그 메모를 들여다보면 이 세상 어떤 수학자도 생각하지 못한 새로운 수학을 만들 수 있을 거라는 자부심을 가지고 즐거운 수학 메모, 수학 일기를 써 보길 권합니다.

중학교 내용을 알고 있는 초등학생이나 중학생 독자들을 위해서는 책이 출간된 후 유튜브 채널 〈정완상 교수의 개념 잡는 수학툰 강의〉에 수학 영재들을 위한 강의를 연재할 예정입니다. 유튜브 채널 구독자들과 이 책의 독자들 중에서 미래의 필즈상 수상자나 노벨상 수상자가 나오기를 염원합니다. 수학을 점수만 올리는 게임이 아닌 삶의 즐거움을 주는 산책이라고 생각하며 새로움을 추구한다면 여러분의 꿈이 이루어질 것이라 생각합니다.

이 책은 초등학교, 중학교, 고등학교 교과서의 다음 내용들과 연결됩니다.

초등학교 : 약수, 배수
중학교 : 소인수 분해
고등학교 : 다항식

이 책에 소개된 약수와 배수의 성질, 소수의 성질, 페르마의 마지막 정리 등의 내용을 통해, 여러분들이 수의 신비로움과 아름다움에 대해 배우기를 바랍니다. 여러분들의 어린 시절이, 이 책을 통해 세계적인 수학자의 어린 시절이 되기를 희망합니다.

정완상, 경상국립대학교 교수

● 캐릭터 소개

코마

수학을 못해서 고민인 아이

호기심이 많은 코마는 큰 고민이 하나 있다. 수학을 잘 못해서 수학 시간을 싫어한다. 특히 수학 문장제 문제는 생각만 해도 짜증이 날 정도이다. 수학 때문에 고민하는 코마, 이 고민이 해결될 수 있을까?

시계 모양의 수학 마법사

수학 행성 매쏜에서 온 수학 요정, '매쓰피어'가 코마의 침대 옆에 놓여 있던 알람 시계를 팔다리가 없고 날아다니는 시계 모양의 수학 마법사로 만들었다.

매쓰워치

베드몬

시공간을 이동하고, 변신의 귀재

'매쓰피어'가 코마의 침대를 일으켜 세워 만들었다. 코마, 매쓰워치와 함께 시공간을 여행하는데, 이때 가장 중요한 수송을 담당한다. 변신의 귀재이기도 하다.

약수

약수는 '어떤 수를 나누어떨어지게 하는 수'를 말한다. 1은 모든 수의 약수이고, 어떤 수 자기 자신 역시 약수이다. 약수들 중 1과 자기 자신을 제외한 수들을 진약수라고 하는데, 여기에서는 진약수와 관련된 재미있는 수들을 다뤘다. 진약수들의 합으로 알 수 있는 완전수와 부족수 그리고 과잉수에 대해 살펴보자. 또 두 자연수의 약수들이 갖는 특별한 관계인 친구수와 부부수에 대해서도 살펴보자. 친구수는 친화수라고 부르기도 한다는 것도 미리 알아 두자.

페르마니아로의 여행
약수와 약수의 개수

매쓰워치 이 수학툰에서 배울 내용은 바로 약수야.

코마 약수는 나도 알아. 어떤 수를 나누어떨어지게 하는 수가 약수야.

매쓰워치 맞아. 약수는 어떤 수를 나누어 나머지가 생기지 않게 하는 수야. 6을 3으로 나누면 나머지가 얼마지?

베드몬 0이지.

매쓰워치 나머지가 0이라는 건 그 수로 나누어떨어지는 걸 의미하지. 즉, "6은 3으로 나누어떨어진다"라고 말해. 그러니까 3은 6의 약수야.

코마 4는 6의 약수가 아니야. 6을 4로 나눈 나머지가 2이니까.

베드몬 어떤 수의 약수는 그 수보다는 항상 작겠군.

매쓰워치 그렇지 않아. 6을 6으로 나누면 나머지가 얼마지?

베드몬 어랏! 나머지가 0이 되네.

매쓰워치 그러니까 6은 6의 약수인 거야. 6의 약수를 모두 써 보면 1, 2, 3, 6이 돼.

매쓰워치 12의 약수를 구해 봐.

코마 1, 2, 3, 6, 12야.

매쓰워치 하나가 빠졌어.

베드몬 12는 4로 나누어떨어지니까 4도 12의 약수야. 그러니까 12의 약수는 1, 2, 3, 4, 6, 12가 돼.

코마 약수를 빠르게 구할 수 있는 방법도 있어?

매쓰워치 물론 있지. 12의 약수를 구할 때 12를 두 수의 곱으로 나타내 봐. 1×12=12, 2×6=12, 3×4=12. 이때 곱해지는 두 수들을 모두 모으면 12의 약수가 돼.

코마 그렇군.

베드로 1은 모든 수의 약수가 되네.

매쓰워치 맞아. 어떤 수를 1로 나누면 나누어떨어지니까. 또, 6은 6의 약수, 7은 7의 약수, 12는 12의 약수. 이렇게 어떤 수는 그 수 자신을 항상 약수로 가져.

코마 수학툰에서 약수의 개수가 홀수인 수가 1, 4, 9라는 것을 어떻게 안 거지?

매쓰워치 6을 두 개의 수의 곱으로 나타내면, 1×6=6, 2×3=6이 돼. 그러니까 6의 약수는 1, 2, 3, 6으로 4개야. 그러니까 대부분의 경우는 약수의 개수가 짝수야. 하지만 그렇지 않은 경우도 있어서 주의해야 해. 4를 두 수의 곱으로 나타내 볼래?

코마 간단하지. 1×4=4, 2×2=4.

매쓰워치 4의 약수는 1, 2, 4로 4는 3개의 약수를 가져.

코마 약수의 개수가 홀수개네.

매쓰워치 4처럼 같은 두 수의 곱으로 쓸 수 있는 수들은 약수의 개수가 홀수개야. 1×1=1, 2×2=4, 3×3=9, 4×4=16이 되니까, 1, 4, 9, 16의 약수의 개수는 홀수야.

완전수와 부족수 그리고 과잉수
진약수들의 합으로 알아볼까?

코마 완전 공주가 왜 완전하다는 거지?

매쓰워치 완전수를 이용해서 만들어 본 수학툰이야.

베드몬 완전수?

매쓰워치 완전한 수라는 뜻이야. 영어로는 perfect number. 6의 약수 1, 2, 3, 6에서 자기 자신을 빼면 어떤 수들이 남지?

코마 그야. 1, 2, 3이 남지.

매쓰워치 그 수들을 모두 더해 봐.

코마 1+2+3=6. 어랏! 6이 나오네.

매쓰워치 자기 자신을 제외한 나머지 약수들을 그 수의 진약수라고 불러. '진정한 약수'라는 뜻이야. 완전수는 그 수가 자신의 진약수들을 합한 것과 같은 수를 말해. 그러니까 6은 완전수야.

베드몬 4가 완전수인지 체크해 봐야지. 4의 약수는 1, 2, 4이니까 4의 진약수는 1, 2. 그렇다면 1+2=3이니까 4는 완전수가 아니네.

매쓰워치 맞아. 이렇게 진약수들의 합이 자기 자신보다 작은 수를 부족수라고 불러.

베드몬 4는 부족수이군.

코마 나는 12를 조사할 거야. 12의 약수는 1, 2, 3, 4, 6, 12이니까 진약수는 1, 2, 3, 4, 6이야. 1+2+3+4+6=16이니까 진약수들의 합이 원래의 수보다 커졌어.

매쓰워치 진약수들의 합이 원래의 수보다 크지? 이런 수를 과잉수라고 불러. 그러니까 자연수는 부족수, 완전수, 과잉수로 나눌 수 있어. 수학자들은 완전수를 많이 찾아냈어. 다음과 같은 수들이 완전수야. 6, 28, 496, 8128, 33550336, 8589869056 등이야.

코마 완전수는 모두 짝수야?

매쓰워치 현재까지 발견된 수들은 모두 짝수야. 만일 홀수인 완전수를 찾으면 최고의 수학자가 될 거야.

코마 오늘부터 홀수인 완전수를 찾아야지.

베드로 코마! 너는 도전해야 할 일들이 너무 많은 거 아냐?

코마 열심히 하겠다는데도, 자꾸 기를 죽일 거야?

베드로 아니야! 그런 건 아니고 너무 할 일이 많아지는 거 아닌가 싶어서 걱정돼서 그러지. 우리랑 수학 공부도 계속해야 하는데 말이야.

코마 걱정하지 마, 이제 수학이 재미있어지기 시작했거든.

매쓰워치 응원할게. 완전한 수에는 재미있는 성질들이 있어. 완전수는 다음처럼 항상 연속되는 자연수의 합으로 표현되지.

6=1+2+3

28=1+2+3+4+5+6+7

496=1+2+3+4+5+6+7+8+9+⋯+30+31

8128=1+2+3+4+5+6+7+8+⋯+126+127

코마 재미있네.

<매쓰워치> 완전수 6에서는 더 재미있는 성질도 있어. 다음을 봐!

6=1×2×3

1×1×1+2×2×2+3×3×3=6×6

<코마> 신기하군.

<매쓰워치> 또 신기한 성질이 있어. 6보다 큰 완전수의 각 자릿수의 합은 9로 나눈 나머지가 1인 수가 돼. 6을 제외한 완전한 수들의 각 자리의 수들을 더해 볼게.

2+8=10

4+9+6=19

8+1+2+8=19

3+3+5+5+0+3+3+6=28

8+5+8+9+8+6+9+0+5+6=64

이때 10, 19, 28, 64를 9로 나눈 나머지는 모두 1이 되잖아?

<베드로> 점점 더 신기해지네.

친구수와 부부수
두 자연수의 약수들이 갖는 특별한 관계

<매쓰워치> 친구수라는 것도 있어.

<코마> 두 수가 친구가 된다는 뜻이야?

매쓰워치 물론.

코마 어떻게 해야 두 수가 친구가 되지?

매쓰워치 284의 진약수를 모두 구해 봐.

코마 1, 2, 4, 71, 142.

매쓰워치 이 수들을 모두 더해 봐.

코마 1+2+4+71+142=220이 돼.

매쓰워치 이번에는 220의 진약수를 모두 써 봐.

베드몬 1, 2, 4, 5, 10, 11, 20, 22, 44, 55, 110이야.

매쓰워치 이제 그 수들을 모두 더해 봐.

베드몬 1+2+4+5+10+11+20+22+44+55+110=284

매쓰워치 284의 진약수들의 합은 220이고, 220의 진약수의 합은 284이지? 이렇게 한 수의 진약수를 모두 더하면 다른 수가 나오는 이런 두 수 얼마나 사이가 좋으면 이러겠어? 그래서 이런 두 수를 친구수라고 불러.

코마 다른 친구수들도 있어?

매쓰워치 물론이지. 1184과 1210은 친구, 17296과 18416은 친구 그리고 9363584과 9437056도 친구야.

코마 재미있는 두 수네.

매쓰워치 또 다른 재미있는 두 수도 있어. 48의 약수를 써 봐.

코마 1, 2, 3, 4, 6, 8, 12, 16, 24, 48.

매쓰워치 1을 제외한 진약수들의 합을 구해 봐.

코마 2+3+4+6+8+12+16+24=75

매쓰워치 75의 약수를 써 봐.

베드몬 1, 3, 5, 15, 25, 75인데 1을 제외한 진약수의 합은 3+5+15+25=48이야.

코마 와우! 48이 다시 나왔어.

매쓰워치 이런 관계를 만족하는 두 수를 부부수라고 불러. 그러니까 48과 75는 부부수야. 그외의 부부수는 (140, 195), (1050, 1925), (1575, 1648) 등이 있어.

▶▶▶ 개념 정리 QUIZ

1. 100의 약수를 모두 구하라.

2. 140과 195가 부부수임을 보여라.

3. 12÷□를 자연수로 만드는 모든 □를 구하라.

※ Quiz의 정답은 130쪽에 있습니다.

정완상 교수의 QR 강의

▶▶▶ 개념 다지기

약수 응용 문제

약수를 이용하는 문제를 다루어 봅시다. 다음 문제를 보세요.

[문제] $\frac{12}{\square}$가 자연수가 되는 자연수 □의 개수를 구하라.

□에 차례대로 자연수를 넣어 볼까요?

□ = 1이면 $\frac{12}{\square} = \frac{12}{1} = 12$이므로 자연수.

□ = 2이면 $\frac{12}{\square} = \frac{12}{2} = 6$이므로 자연수.

□ = 3이면 $\frac{12}{\square} = \frac{12}{3} = 4$이므로 자연수.

□ = 4이면 $\frac{12}{\square} = \frac{12}{4} = 3$이므로 자연수.

□ = 5이면 $\frac{12}{\square} = \frac{12}{5}$이므로 자연수가 아님.

□ = 6이면 $\frac{12}{\square} = \frac{12}{6} = 2$이므로 자연수.

□ = 7이면 $\frac{12}{\square} = \frac{12}{7}$이므로 자연수가 아님.

□ = 8이면 $\frac{12}{\square} = \frac{12}{8}$이므로 자연수가 아님.

□ = 9이면 $\frac{12}{□} = \frac{12}{9}$이므로 자연수가 아님.

□ = 10 이면 $\frac{12}{□} = \frac{12}{10}$이므로 자연수가 아님.

□ = 11 이면 $\frac{12}{□} = \frac{12}{11}$이므로 자연수가 아님.

□ = 12 이면 $\frac{12}{□} = \frac{12}{12} = 1$이므로 자연수.

여기서 $\frac{12}{□}$가 자연수가 되게 하는 □는 12의 약수인 1, 2, 3, 4, 6, 12이므로 총 6개가 됩니다.

QR코드를 통해 정완상 교수의 강의를 직접 들어 봅시다.

GAME

최대 공약수

어떤 두 수의 공통된 약수를 공약수라고 한다. 이 공약수들 중에서 제일 큰 수를 최대 공약수라고 한다. 공약수와 약수들의 관계를 살펴보면 약수들은 최대 공약수의 약수가 된다. 여기에서는 최대 공약수를 구하는 방법과 수학 요리왕 대회에서 최대 공약수를 이용해 우승을 차지하는 삼총사를 만나 보면서 최대 공약수의 다양한 활용법도 살펴볼 수 있다.

페르마니아 수학 요리왕 대회
최대 공약수를 찾아라!

코아 최대 공약수가 뭐지?

매쓰워치 8의 약수를 말해 봐.

코아 1, 2, 4, 8.

매쓰워치 12의 약수는?

베드몬 1, 2, 3, 4, 6, 12.

매쓰워치 8의 약수이면서 동시에 12의 약수인 것은?

코아 1, 2, 4.

매쓰워치 이렇게 어떤 두 수의 공통인 약수를 공약수라고 해. 그러니까 12와 8의 공약수는 1, 2, 4가 돼.

베드몬 1은 모든 수의 약수이니까 항상 공약수가 되네.

매쓰워치 맞아. 공약수들 중에서 어떤 수가 제일 크지?

코아 4가 제일 커.

베드몬 그걸 최대 공약수라고 해.

코아 가만! 재미있는 일이 있어.

매쓰워치 뭐가?

코아 4의 약수는 1, 2, 4 이잖아? 그러니까 공약수는 최대 공약수의 약수가 되네.

매쓰워치 좋은 발견이야!

베드몬 최대 공약수를 쉽게 구하는 방법이 있어?

매쓰워치 물론이지. 36과 90의 최대 공약수를 구해 볼게. 우선 다음과 같이 써.

$$)\overline{36 \qquad 90}$$

36과 90을 나누어떨어지게 하는 수로 가장 작은 수는 뭐지?

베드몬 1이지.

매쓰워치 1로 나누면 수가 몫이 원래의 수랑 같아지니까 1 외의 가장 작은 수는?

코마 둘 다 짝수이니까 2로 나누어져.

매쓰워치 그럼 다음과 같이 2를 왼쪽에 쓰고 아래에 36과 90을 각각 2로 나눈 몫을 써 봐.

$$2)\overline{36 \qquad 90}$$
$$\;18 \qquad 45$$

자! 이번에는 어떤 수로 나누면 될까?

베드몬 18과 45는 둘 다 3으로 나누어떨어져.

매쓰워치 그걸 또 다음과 같이 쓰는 거야. 18과 45를 3으로 각각 나눈 몫을 그 아래에 쓰는 거지.

```
2 ) 36      90
3 ) 18      45
     6      15
```

베드몬 그다음에는 6과 15는 어떤 수로 나누지?

코마 둘 다 3으로 나누어떨어져.

매쓰워치 맞아. 그걸 또 다음과 같이 써.

```
2 ) 36      90
3 ) 18      45
3 )  6      15
     2       5
```

코마 2와 3은 1로 나눌 수 있지만 그래봤자 달라지는 게 없어.

매쓰워치 그래. 그래서 여기서 멈추는 거야. 이제 왼쪽에 있는 수들을 곱해 봐.

코마 2×3×3=18이야.

매쓰워치 그 수가 바로 두 수의 최대 공약수야. 36과 90의 최대 공약수는 18이야. 원래의 두 수는 항상 최대 공약수로 나누어떨어져. 다음과 같이 쓸 수 있지. 36=18×2, 90=18×5.

베드몬 수학툰에 나온 건 두 수가 아니라 세 수잖아?

매쓰워치 맞아. 이번에는 세 수 12, 18, 30의 최대 공약수를 구해 볼게.

베드몬 내가 할 수 있을 거 같아. 다음과 같이 쓰고.

$$) \quad 12 \quad 18 \quad 30$$

세 수가 2로 나누어떨어지니까 또 이렇게 정리할 수 있어.

$$2) \quad 12 \quad 18 \quad 30$$
$$\quad\quad\; 6 \quad\; 9 \quad 15$$

6, 9, 15가 3으로 나누어떨어지니까 다시 한 번 이렇게 쓸 수 있지.

$$2) \quad 12 \quad 18 \quad 30$$
$$3) \quad\; 6 \quad\; 9 \quad 15$$
$$\quad\quad\; 2 \quad\; 3 \quad\; 5$$

2, 3, 5는 1 외에는 더 이상 나눌 수 있는 수가 없으니까 여기서 스톱! 그러니까 왼쪽에 있는 2와 3, 두 수를 곱하면 6이니까 6이 최대 공약수야.

매쓰워치 맞아, 잘했어.

최대 공약수의 활용
직육면체 치즈를 정육면체로 만드는 방법은?

<매쓰워치> 최대 공약수를 이용하는 예를 몇 개 살펴볼게. 다음 그림과 같이 가로 12cm, 세로 18cm인 직사각형 종이가 있어.

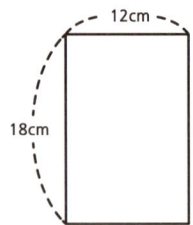

<매쓰워치> 이 종이를 빈틈없이 채우는 정사각형 중에서 가장 큰 정사각형을 찾아 봐.

<코마> 한 변의 길이가 1cm인 정사각형으로 빈틈없이 채울 수 있어.

<베드몬> 그건 가장 큰 정사각형이 아니야. 한 변의 길이가 2cm인 정사각형으로도 빈틈없이 채울 수 있어.

<매쓰워치> 다음 그림과 같이 한 변의 길이가 acm인 정사각형을 하나 넣어 봐.

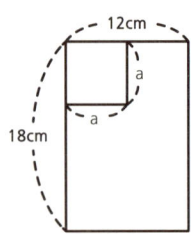

이 정사각형으로 종이를 빈틈없이 채우려면 12는 a로 나누어떨어져야 하고, 18도 a로 나누어떨어져야 해.

〈코마〉 a는 12의 약수이면서 18의 약수이네.

〈베드론〉 그래, 12와 18의 공약수가 되네.

〈매쓰워치〉 맞아. a가 18과 12의 공약수이면 이 정사각형으로 종이를 빈틈없이 채울 수 있어. 그중 한 변의 길이가 가장 긴 것을 찾아야 하니까 한 변의 길이가 12와 18의 최대 공약수가 되어야 해. 12와 18의 최대 공약수는 6이니까 한 변의 길이가 6cm인 정사각형이 답이야.

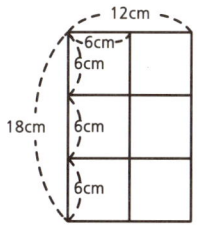

〈코마〉 아하! 그래서 수학툰에서 세 변의 길이의 최대 공약수를 구한 거구나.

〈매쓰워치〉 맞아. 정육면체 치즈를 만들면서 이왕이면 가장 큰 걸 만들고 싶었어.

〈코마〉 최대 공약수를 이용하는 또 다른 문제가 있어?

〈매쓰워치〉 물론. 어떤 자연수로 42를 나누면 나누어떨어지고 100을 나누면 2가 남는다고 해 봐. 이러한 자연수 중에서 가장 큰 수는 뭘까?

〈코마〉 와우! 너무 어렵다.

매쓰워치 간단하게 생각해. 어떤 자연수로 42를 나누면 나누어떨어지니까 이 자연수는 42의 약수야.

베드몬 그건 알겠어. 하지만 '이 자연수로 100을 나누면 2가 남는다'는 것이 잘 이해가 되지 않아.

매쓰워치 일단 이 자연수를 □라고 해 봐. '이 자연수로 42를 나누면 나누어떨어진다'를 식으로 쓰면, 42=□×(몫)이 돼. '이 자연수로 100을 나누면 2가 남는다'를 식으로 쓰면….

코아 그건 내가 해 볼게. 100=□×(몫)+2이야.

매쓰워치 그러니까 100에서 2를 뺀 수인 98은 □로 나누어떨어져. 이것을 식으로 쓰면, 98=□×(몫)이 돼.

베드몬 아하! □는 98의 약수가 되는구나.

매쓰워치 맞아. □는 42의 약수이면서 동시에 98의 약수이니까 두 수 42과 98의 공약수야.

코아 가장 큰 수를 찾으라고 했으니까 최대 공약수를 구하면 되는구나.

베드몬 42과 98의 최대 공약수는 14가 되네.

$$
\begin{array}{r}
2\,)\,\underline{42 \qquad 98}\\
7\,)\,\underline{21 \qquad 49}\\
3 \qquad 7
\end{array}
$$

▶▶▶ 개념 정리 QUIZ

1. 두 수 56, 84의 최대 공약수는?

2. 세 수 28, 36, 52의 최대 공약수는?

3. 198을 어떤 수로 나누면 6이 남고 89를 이 수로 나누면 5가 남는다. 이를 만족하는 가장 큰 수를 구하라.

※ Quiz의 정답은 131쪽에 있습니다.

> 정완상 교수의 QR 강의

▶▶▶ **개념 다지기**

유클리드의 호제법

기원전 시대 그리스의 수학자 유클리드가 쓴 『원론』 7권에서 가장 중요한 것은 두 수의 최대 공약수를 찾는 방법인 유클리드 호제법입니다. 예를 들어 55와 240의 최대 공약수를 유클리드 호제법을 이용하여 구해 봅시다. 두 수 중 큰 수인 240을 작은 수인 55로 나눈 나머지는 20입니다. 이것을 다음과 같이 쓸 수 있습니다.

$$
\begin{array}{r}
4 \\
55\overline{\smash{)}240} \\
220 \\
\hline
20
\end{array}
$$

다음 55를 20으로 나눈 나머지는 15이므로 다음과 같이 씁니다.

$$
\begin{array}{r}
2 \\
20\overline{\smash{)}55} \\
40 \\
\hline
15
\end{array}
$$

다음 20을 15로 나눈 나머지는 5이므로 다음과 같이 씁니다.

$$
\begin{array}{r}
1 \\
15\overline{\smash{)}20} \\
15 \\
\hline
5
\end{array}
$$

다음 15를 5로 나눈 나머지는 0이 되는 데 이렇게 나머지가 0이 나오게 하는 나누는 수 5가 바로 처음 두 수의 최대 공약수입니다. 유클리드의 호제법을 도표로 정리해 보면 다음과 같습니다.

큰 수	작은 수	
큰 수를 작은 수로 나눈 나머지		= ㉠
작은 수를 ㉠으로 나눈 나머지		= ㉡
㉠을 ㉡으로 나눈 나머지		= ㉢
㉡을 ㉢으로 나눈 나머지		= 0

유클리드 호제법은 이런 식으로 나머지가 0이 될 때까지 진행됩니다. 이 경우 ㉡을 ㉢으로 나눈 나머지가 0이므로 ㉢이 최대 공약수입니다.

QR코드를 통해 정완상 교수의 강의를 직접 들어 봅시다.

배수와 최소 공배수

어떤 수의 몇 배한 수를 그 수의 배수라 한다. 두 개 이상의 수들에 대해, 각각의 수들의 배수들 중에서 공통인 수들을 공배수라고 한다. 이 공배수들 중에서 가장 작은 수를 최소 공배수라고 부른다. 여기에서는 최소 공배수를 구하는 방법과 그 활용 방법들을 살펴보자.

배수를 구하는 방법
어떤 수의 배수인지 빠르게 찾아라!

코마 너희들은 어떻게 배수를 금방 찾았니?

매쓰워치 난 수학 도사잖아?

베드로 난 예습했지.

매쓰워치 2의 1배는 2×1=2, 2의 2배는 2×2=4, 2의 3배는 2×3=6이지? 이렇게 2의 몇 배(1배, 2배, 3배, …)한 수를 2의 배수라고 불러. 그러니까 어떤 수의 몇 배한 수를 그 수의 배수라고 부르지.

코마 2의 배수는 짝수지?

베드로 맞아. 그러니까 일의 자릿수가 0, 2, 4, 6, 8이면 그 수들은 모두 2의 배수야.

코마 489876은 일의 자릿수가 6이니까 2의 배수가 되겠네.

베드로 8986555는 일의 자릿수가 홀수이니까 2의 배수가 아니야.

매쓰워치 쉽지? 이번에는 3의 배수를 알아내는 방법을 알려 줄게. 각 자릿수의 합이 3의 배수이면 그 수는 3의 배수야.

코마 486을 조사해 볼게. 4+8+6=18이고 18은 3의 배수이니까 486은 3의 배수.

베드로 1111을 조사해 볼게. 1+1+1+1=4이고 4는 3의 배수가 아니니까 1111은 3의 배수가 아니야.

매쓰워치 잘했어.

`코아` 그런데 왜 그런 거지?

`매쓰워치` 6+9를 봐. 6은 3의 배수. 9도 3의 배수이지? 이렇게 3의 배수를 더한 수는 3의 배수가 돼.

`코아` 6+9=15이니까 3의 배수이군.

`매쓰워치` 486을 봐. 이 수는 486=400+80+6=4×100+8×10+6이 되지. 그런데 100은 항상 3의 배수와 1의 합으로 쓸 수 있어.

`코아` 아하! 100=99+1이고, 99는 3의 배수이지?

`매쓰워치` 마찬가지로 10도 3의 배수와 1의 합으로 쓸 수 있어.

`베드몬` 10=9+1이고 9는 3의 배수이니까.

`매쓰워치` 그러니까 4×100=4×99+4라고 쓸 수 있고, 8×10=8×9+8이라고 쓸 수 있어. 정리하면 486=4×99+8×9+(4+8+6)이 되거든. 그리고 3의 배수의 자연수를 곱한 수는 항상 3의 배수가 돼. 그러니까 4×99도 3의 배수이고, 8×9도 3의 배수야. 3의 배수의 합은 3의 배수이니까 4×99+8×9=(3의 배수)가 돼. 그러니까 이제 남은 (4+8+6)이 3의 배수이면 486은 3의 배수가 되는 거야. 이것은 바로 486의 각 자릿수의 합이잖아?

`코아` 그렇군.

`베드몬` 다른 수의 배수를 빨리 알아내는 방법도 있어?

`매쓰워치` 물론. 4의 배수인지 알려면 끝의 두 자리의 수만 보면 돼. 끝의 두 자리의 수가 4의 배수이면 그 수는 4의 배수가 돼.

`코아` 1666271316이라는 어마어마한 수는 4의 배수야. 끝의 두

자릿수 16이 4의 배수이니까.

베드론 5의 배수는 금방 알 수 있어. 일의 자릿수가 0이나 5이면 5의 배수야. 175는 5의 배수이고 189는 5의 배수가 아니야.

매쓰위치 9의 배수를 빨리 아는 방법도 있어. 각 자릿수의 합이 9의 배수이면 그 수는 9의 배수야.

베드론 117은 9의 배수네. 1+1+7=9가 9의 배수이니까.

매쓰위치 마지막으로 11의 배수인지 아닌지를 금방 아는 방법을 알려줄게. 어떤 수의 홀수 번째 자리 숫자의 합과 짝수 번째 자리 숫자의 합이 같거나 그 차가 11의 배수이면 그 수는 11의 배수야.

코아 무슨 말인지 모르겠어.

매쓰위치 예를 들어 12463을 봐. 홀수 번째 자리 숫자의 합은 1+4+3=8이고 짝수 번째 자리 숫자의 합은 2+6=8이지? 홀수 번째 자리 숫자의 합과 짝수 번째 자리 숫자의 합이 같잖아? 그러니까 12463은 11의 배수야. 다른 예를 볼까? 9196을 봐. 홀수 번째 자리 숫자의 합은 9+9=18이고 짝수 번째 자리 숫자의 합은 1+6=7이지? 홀수 번째 자리 숫자의 합과 짝수 번째 자리 숫자의 합의 차는 11이므로 9196은 11의 배수야.

공배수와 최소 공배수의 관계
최소 공배수를 구하는 방법과 그 활용

<코아> 최소 공배수가 뭐지?

<매쓰워치> 우선 공배수에 대해 알아야 해. 2의 배수를 몇 개 불러 봐.

<코아> 2, 4, 6, 8, 10, 12, 14, 16, 18, ….

<매쓰워치> 3의 배수를 몇 개 말해 봐.

<베드몬> 3, 6, 9, 12, 15, 18, ….

<매쓰워치> 2의 배수이면서 동시에 3의 배수인 수를 두 수의 공배수라고 불러. 일반적으로는 두 개 이상의 수들에 대해 각각의 수들의 배수들 중에서 공통인 수들을 공배수라고 불러.

<코아> 그렇다면 2와 3의 공배수는 6, 12, 18, …이 되네.

<매쓰워치> 맞아. 그리고 이 공배수들 중에서 가장 작은 수를 최소 공배수라고 불러.

<코아> 2와 3의 최소 공배수는 6이 되는군.

<베드몬> 재미있는 사실을 알아냈어. 2와 3의 공배수들은 두 수의 최소 공배수의 배수들이야.

<매쓰워치> 맞아. 그게 공배수와 최소 공배수의 관계야.

<코아> 최소 공배수를 구하는 방법을 알려 줘.

<매쓰워치> 24와 60의 최소 공배수를 구하는 방법을 알려 줄게. 최대 공약수를 구할 때처럼 다음과 같이 써.

$$)\overline{\smash{\big)}\,24 \qquad 60}$$

매쓰워치 두 수를 동시에 나누어떨어지게 하는 수는 뭐가 있지?

코마 두 수 모두 짝수이니까 2.

매쓰워치 좋아. 2를 왼쪽에 쓰고, 두 수를 2로 나눈 값을 두 수 아래에 써. 다음과 같이 쓸 수 있지.

$$2 \overline{\smash{\big)}\,24 \qquad 60} \\ \;12 \qquad 30$$

매쓰워치 12와 30을 동시에 나누어떨어지게 하는 수는?

코마 두 수 모두 짝수이니까 2야.

매쓰워치 좋아. 그럼 다음과 같아.

$$2 \overline{\smash{\big)}\,24 \qquad 60} \\ 2 \overline{\smash{\big)}\,12 \qquad 30} \\ \;\;6 \qquad\; 15$$

코마 6과 15는 모두 3의 배수이니까 다음 단계는 3으로 나눈 값을 6과 15 아래에 다음처럼 써 주는 거지?

```
2 ) 24      60
2 ) 12      30
3 )  6      15
      2      5
```

베드몬 2와 5를 동시에 나누어떨어지게 하는 수는 1뿐이야.

매쓰워치 1로 나누면 변하지 않으니까 여기서 스톱! 이때 최소 공배수는 왼쪽에 있는 수와 아래에 남은 두 수를 모두 곱한 수가 돼. 그러니까 24와 60의 최소 공배수는 2×2×3×2×5=120이 돼.

코마 세 수의 최소 공배수는 어떻게 구해?

매쓰워치 좋은 질문이야. 이번에는 세 수의 최소 공배수를 구하는 방법을 알려 줄게. 24, 48, 60의 최소 공배수를 구하려면 최대 공약수를 구할 때 했던 방법처럼 다음과 같이 해 봐.

```
2 ) 24   48   60
2 ) 12   24   30
3 )  6   12   15
      2    4    5
```

코마 2, 4, 5를 동시에 나누어떨어지게 하는 수는 없어.

매쓰워치 최소 공배수를 구할 때는 남아 있는 세 수 중 두 수를 나누어떨어지게 하는 수가 있어도 이 작업을 계속해야 해.

베드몬 두 수 2와 4를 동시에 나누어떨어지게 하는 수는 2야. 하지만 5는 2로 나누어떨어지지 않는데?

매쓰워치 나누어떨어지는 수는 몫을 그 아래에 쓰고 나누어떨어지지 않는 수는 그 수를 그대로 아래에 써 봐.

$$\begin{array}{r|rrr} 2 & 24 & 48 & 60 \\ 2 & 12 & 24 & 30 \\ 3 & 6 & 12 & 15 \\ 2 & 2 & 4 & 5 \\ & 1 & 2 & 5 \end{array}$$

↓ 그대로

코마 이제 남은 세 수는 1, 2, 5. 이 중 두 수를 동시에 나누어떨어지게 하는 1이 아닌 수는 없어.

매쓰워치 그럼 여기서 스톱! 여기서 왼쪽에 있는 수들과 아래에 있는 수들을 모두 곱하면 그게 바로 세 수의 최소 공배수야. 그러니까 최소 공배수는 2×2×3×2×1×2×5=240이 돼.

코마 최소 공배수를 도형에 이용하는 예도 있어?

매쓰워치 물론이야. 가로가 2cm, 세로가 3cm인 직사각형 모양의 종이 여러 개를 붙여 가능한 한 작은 정사각형을 만들려고 해. 이때 정사각형의 한 변의 길이는 얼마가 될까?

(코마) 감이 잘 안 오는데?

(매쓰워치) 이 직사각형은 다음과 같은 모양이야. 이것을 오른쪽으로 2개를 붙여 볼까?

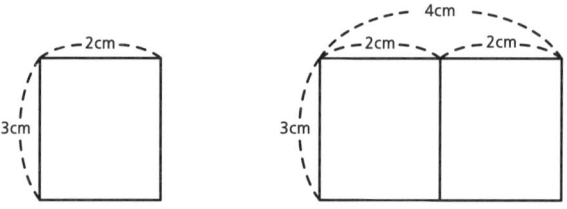

가로의 길이가 얼마가 되었지?

(코마) 4cm.

(매쓰워치) 그래, 2cm의 두 배가 되었지. 이번에는 처음의 직사각형을 아래로 두 개를 붙여 봐. 그럼 어떤 모양이 될까?

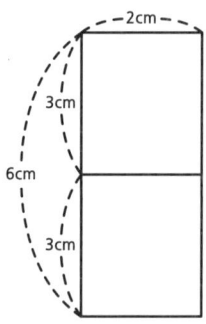

(코마) 이번에는 세로의 길이가 변했네.

(매쓰워치) 맞아. 세로의 길이가 6cm로 변했지? 여기서 6은 3의 2배야.

그러니까 오른쪽으로 붙이면 가로의 길이가 2의 배수로 변하고, 아래쪽으로 붙이면 세로의 길이가 3의 배수로 변하게 돼. 즉, 이렇게 직사각형을 오른쪽으로 아래로 붙여서 정사각형을 만들려면 만들어진 정사각형의 한 변의 길이가 2의 배수이면서 동시에 3의 배수가 되어야 해.

〈 코마 〉 그렇다면 정사각형의 한 변의 길이가 2와 3의 공배수인 6, 12, 18, …이 되면 되겠군.

매쓰워치 맞아. 다음 그림을 봐.

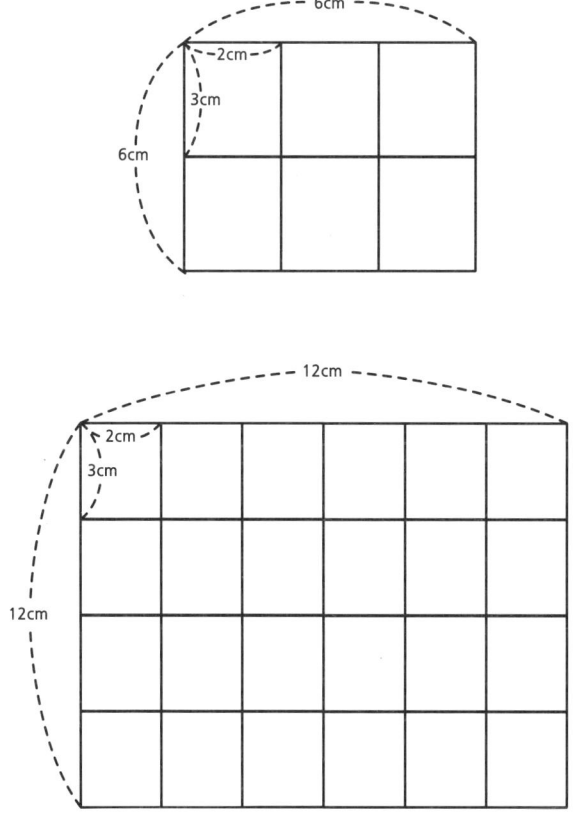

<코마> 가장 작은 정사각형이라고 했으니까 한 변의 길이가 6cm가 되어야겠네.

<매쓰워치> 맞아. 바로 가로의 길이와 세로의 길이의 최소 공배수가 답이 되는 거야.

<코마> 그렇구나.

<매쓰워치> 또 다른 상황을 볼까? 12분 간격으로 출발하는 시외버스와 18분 간격으로 출발하는 고속버스가 있어. 시외버스와 고속버스가 오전 9시 정각에 동시에 출발했다고 해 봐. 오후 1시와 1시 반 사이에 두 버스가 동시에 출발하는 시각을 구해 봐.

<베드몬> 시외버스가 출발하는 시각은 9시 12분, 9시 24분, 9시 36분이 되고, 고속버스가 출발하는 시각은 9시 18분, 9시 36분, 9시 54분이네.

<코마> 9시 36분에 다시 두 버스가 동시에 출발하네.

<매쓰워치> 맞아. 36분은 어디서 나왔지?

<코마> 36은 12와 18의 최소 공배수야.

<베드몬> 그럼 36분마다 다시 동시에 출발하겠군.

<매쓰워치> 맞아. 즉 12와 18의 공배수일 때 두 버스가 동시에 출발해. 그러니까 두 수의 최소 공배수인 36의 배수지. 오전 9시부터 오후 1시까지는 4시간이지? 4시간을 분으로 고치면 240분이야. 그런데 36×7=252이거든. 즉 9시로부터 252분 경과 후 두 버스는 동시에 출발해. 252=240+12이니까 두 버스는 오후 1시 12분

에 다시 동시에 출발해.

〈코마〉 이렇게 풀면 되는구나.

〈베드몬〉 최소 공배수를 이렇게 써먹다니!

〈매쓰워치〉 수학은 우리 일상생활에서 늘 이렇게 활용되고 있어.

▶▶▶ 개념 정리 QUIZ

1. 36과 60의 최소 공배수를 구하라.

2. 100 이하의 자연수 중에서 4의 배수 또는 6의 배수의 개수는?

3. $\frac{9}{2}$와 $\frac{12}{7}$의 어느 것에 곱하여도 그 곱이 가장 작은 자연수가 되게 하는 분수를 찾아라.

※ Quiz의 정답은 132쪽에 있습니다.

 정완상 교수의 QR 강의

▶▶▶ 개념 다지기

최소 공배수의 응용

어떤 자연수를 2로 나누면 1이 남고 3으로 나누면 2가 남는다고 생각해 봅시다. 이런 자연수 중 가장 작은 수를 구하는 문제를 볼까요?

어떤 자연수를 A라고 해 봅시다. 그리고 'A를 2로 나누면 1이 남는다'를 식으로 쓰면 다음과 같습니다.

A=2×(몫)+1

자, 이제 A에 1을 더해 봅시다.
(A+1)은 2로 나누어떨어지요? 즉, (A+1)은 2의 배수예요.
3으로 나누면 2가 남으니까 A=3×(몫)+2가 돼요. 그렇다면 (A+1)은 3의 배수가 되지요?
그러니까 (A+1)은 2의 배수이면서 동시에 3의 배수가 되지요.
그러므로 (A+1)은 2와 3의 공배수예요. 가장 작은 수를 구하라고 했으므로 최소 공배수를 생각하면 돼요.
즉, (A+1)=6이 되지요.
그러므로 A는 5가 됩니다.

QR코드를 통해 정완상 교수의 강의를 직접 들어 봅시다.

소수의 신비

1과 자기 자신만을 약수로 갖는 자연수를 소수라고 한다. 또 소수가 아닌 수를 합성수라고 부른다. 결국 모든 자연수는 따져 보면 1이거나 소수이거나 합성수이다. 소수들 중에는 재미있는 이름을 가진 것들도 있는데, 쌍둥이 소수와 사촌 소수에 대해서도 살펴본다. 여기에서는 자연수를 소수들만의 곱으로 나타내는 소인수 분해까지 다룬다.

소수를 이용한 비밀 편지
쪽지 시험과 선생님의 마지막 수업

코마 감동적인 스토리야.

매쓰워치 소수에 대해 알려 주기 위해 만든 스토리지.

베드몬 소수라면 0.3, 0.07처럼 소수점이 있는 수를 말하는 거야?

매쓰워치 그 소수가 아니야. 1과 자기 자신만을 약수로 갖는 자연수를 소수라고 해.

코마 2는 소수네. 2의 약수는 1과 2뿐이니까.

베드몬 3도 소수야. 3의 약수는 1과 3뿐이니까.

코마 4는?

매쓰워치 4의 약수는 1, 2, 4. 즉, 4는 1과 자기 자신 이외에 2라는 약수를 갖지? 그러니까 4는 소수가 아니야. 이렇게 소수가 아닌 수를 합성수라고 불러.

코마 그럼 가장 작은 소수는 1인가?

매쓰워치 1은 소수가 아니야.

코마 1과 자기 자신을 약수로 가지잖아?

매쓰워치 소수는 두 개의 약수를 가진 수가 되어야 해. 그런데 1은 약수가 1개이기 때문에 소수가 아니야.

베드몬 그럼 1은 합성수야?

매쓰워치 아니. 1은 소수도 아니고 합성수도 아니야.

〈코마〉 그럼 모든 자연수는 따져 보면 1이거나 소수이거나 합성수이어야 하는 것이네?

〈매쓰워치〉 맞아.

소수를 찾는 방법
에라토스테네스가 소수를 찾는 방법

〈코마〉 소수를 찾는 쉬운 방법이 있어?

〈매쓰워치〉 물론. 기원전 3세기에 고대 그리스의 에라토스테네스가 알아낸 방법이야.

〈코마〉 어떤 방법이지?

〈매쓰워치〉 1부터 50까지의 모든 소수를 발견하는 방법을 알려 줄게. 먼저 1부터 50까지의 수를 쓰면 다음과 같아.

1	2	3	4	5	6	7	8	9	10
11	12	13	14	15	16	17	18	19	20
21	22	23	24	25	26	27	28	29	30
31	32	33	34	35	36	37	38	39	40
41	42	43	44	45	46	47	48	49	50

〈매쓰워치〉 여기서 1은 소수가 아니므로 지워.

	2	3	4	5	6	7	8	9	10
11	12	13	14	15	16	17	18	19	20
21	22	23	24	25	26	27	28	29	30
31	32	33	34	35	36	37	38	39	40
41	42	43	44	45	46	47	48	49	50

코마 다음에는?

매쓰워치 2는 소수이니까 남겨 두고, 2의 배수를 모두 지워.

	2	3	5	7	9
11		13	15	17	19
21		23	25	27	29
31		33	35	37	39
41		43	45	47	49

베드몬 그다음은?

매쓰워치 다음에는 3을 남겨 두고 3의 배수를 모두 지워.

	2	3	5	7	
11		13		17	19
		23	25		29
31			35	37	
41		43		47	49

> **코마** 다음에는 4를 남겨 두고 4의 배수를 모두 지우는 건가?

> **매쓰워치** 아니야. 4는 이미 사라졌어. 4는 2의 배수잖아. 이 방법은 소수들로만 해야 해. 2, 3 다음의 소수는 5이니까 5를 남겨 두고 5의 배수를 모두 지워.

	2	3	5	7	
11	13			17	19
	23				29
31				37	
41	43			47	49

> **코마** 그다음에는? 6도 2의 배수여서 이미 없어졌잖아.

> **배드몬** 다음 소수는 7이니까 7을 남겨 두고 7의 배수를 모두 지우면 되겠는데?

> **매쓰워치** 맞아. 7을 남기고, 7의 배수를 모두 지우면 다음과 같은 수들만 남네.

	2	3	5	7	
11	13			17	19
	23				29
31				37	
41	43			47	

베드몬 그렇다면 다음 소수는 11이니까 11은 남겨 두고, 11의 배수를 모두 지우면 되지? 11의 배수는 11, 22, 33, 44인데…. 이미 다 지워져서 지울 게 없어.

매쓰워치 오케이. 그렇다면 이제 소수들만 남은 거야. 그러니까 50까지의 소수는 2, 3, 5, 7, 11, 13, 17, 19, 23, 29, 31, 37, 41, 43, 47이야.

코마 우아, 소수를 찾는 방법이 마치 게임같네!

쌍둥이 소수와 사촌 소수
재미있는 이름이 붙은 소수들

매쓰워치 소수들 중에는 아주 재미있는 이름이 붙은 소수들도 있어.

코마 이름이 재미있는 소수라고? 어떤 소수들인데?

매쓰워치 두 소수의 차가 2가 되는 두 소수를 쌍둥이 소수라고 불러.

코마 2와 3은 쌍둥이 소수가 아니네. 차가 1이니까.

베드몬 3과 5는 쌍둥이 소수야.

매쓰워치 맞아. 쌍둥이 소수를 몇 개 찾아볼게. 3과 5, 5와 7, 11과 13, 17과 19, 29와 31이 바로 쌍둥이 소수야.

매쓰워치 사촌 소수도 있어.

코마 사촌?

매쓰워치 두 소수의 차이가 4가 되는 소수를 말해.

코마 3과 7은 사촌 소수야.

베드몬 7과 11도 사촌 소수야.

매쓰워치 맞아. 사촌 소수를 몇 개 써 보면 다음과 같아. 3과 7, 7과 11, 13과 17, 19와 23, 37과 41, 43과 47이 사촌 소수지.

소인수 분해
자연수를 소수들만의 곱으로 나타내라!

매쓰워치 이번에는 소인수 분해에 대해 공부할 거야.

베드몬 소인수 분해? 단어가 너무 어렵다.

코마 난 벌써 머리가 아프기 시작했어! 매쓰워치, 소인수 분해도 지금까지처럼 재미있게 설명해 줄 수 있어?

매쓰워치 당연하지! 날 믿어 보라고! 자연수를 소수들만의 곱으로 나타내는 것을 소인수 분해라고 불러.

코마 그래, 그 말은 어렵지 않네. 큰 수를 작은 소수들만의 곱으로 나타내는 것. 우리가 소수는 또 기가 막히게 찾아냈잖아.

매쓰워치 그래. 이제 예로 60을 소인수 분해 해 볼게. 두 가지 방법이 있어. 먼저 60을 두 수의 곱으로 써 봐. 예를 들어 2×30이라고 썼다면 다음과 같이 나타내.

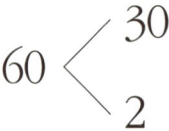

2는 소수이니까 놔두고 30을 다시 두 수의 곱으로 나타내. 예를 들어, 30=2×15라고 했다면 다음처럼 또 가지가 벌어지겠지.

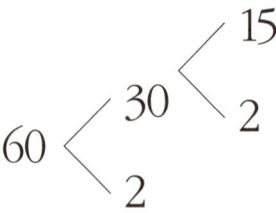

다시 15를 두 수의 곱으로 나타내. 예를 들어, 15=3×5라고 했다면 또 가지가 이렇게 벌어지겠지.

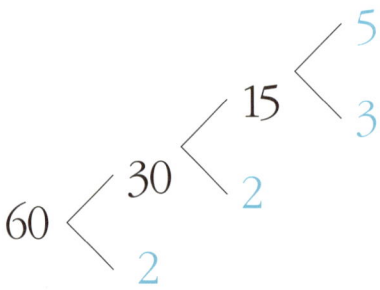

더 이상 나눌 수 있는 수가 없어. 이제 소수들만 나타났지? 그러니까 60을 소인수 분해하면 60=2×2×3×5가 되는 거야. 이때 소인수 분해 후 나타난 소수들을 소인수라고 불러. 그러니까 60의 소인수는 2, 3, 5가 돼.

베드몬 다른 방법은?

매쓰워치 두 번째 방법은 작은 소수부터 차례로 나누는 방법이야. 60을 2로 나누면 몫이 30이지? 그걸 다음과 같이 써.

$$2 \overline{)60}$$
$$30$$

30을 소수 2로 나누면 몫이 15지? 그걸 다음과 같이 써.

$$2 \overline{)60}$$
$$2 \overline{)30}$$
$$15$$

15는 2로 안 나누어져. 그럼 3으로 나눠 보는 거야. 몫이 5인데, 그걸 다음과 같이 써.

$$2 \overline{)60}$$
$$2 \overline{)30}$$
$$3 \overline{)15}$$
$$5$$

5는 소수지? 그럼 여기서 멈추는 거야. 그러니까 60을 소인수 분해하면 60=2×2×3×5가 된다는 거지.

코마 그렇군. 두 가지가 방법이 달라 보이지만, 결과는 같게 나오네.

▶▶▶ 개념 정리 QUIZ

1. 다음 중 소수가 아닌 것은?
   (가) 19   (나) 111   (다) 131

2. 210을 소인수 분해하라.

3. 180의 소인수는 몇 개인가?

※ Quiz의 정답은 133쪽에 있습니다.

소수가 무한히 많음을 증명하라!

소수가 무한하게 많다는 것을 증명해 봅시다. 예를 들어, 5가 제일 큰 소수라고 가정해 볼까요? 그럼 소수는 2, 3, 5로 세 개가 되겠지요? 이때 다음과 같은 수를 생각해 봅시다.

$q = 2 \times 3 \times 5 + 1$

이 수는 2보다도, 3보다도 그리고 5보다도 크지요? 이 수는 2로 나누면 나머지가 1이고, 3으로 나누면 나머지가 1이고, 5로 나누면 나머지가 1이지요. 즉, 이 소수는 5 이하의 모든 소수로 나누어도 나누어떨어지지 않으므로 소수가 됩니다. 그렇다면 이상하지 않나요? 가장 큰 소수는 5라고 했는데 더 큰 소수가 있으니 말이에요. 그러므로 가장 큰 소수가 있다고 가정한 것이 잘못된 것이지요. 즉, 가장 큰 소수는 존재할 수 없어요. 소수는 무한히 많으니까요.

소수의 개수가 유한하다면, 가장 큰 소수 p가 존재합니다. 이제 $q = 2 \times 3 \times 5 \times 7 \times \cdots \times p + 1$이라 하면 q는 분명히 p보다 크고 2, 3, 5, 7, $\cdots$, p이 어떤 소수로도 나누어지지 않습니다. 따라서 q는 p보다 큰 소수이므로 가정에 모순이 있습니다. 그러므로 소수의 개수는 유한개가 아닙니다. 즉, 소수의 개수는 무한히 많습니다.

QR코드를 통해 정완상 교수의 강의를 직접 들어 봅시다.

소수를 찾아서

여기에서는 소수를 찾는 여러 가지 방법들에 대해서 살펴본다. 메르센느 소수가 만들어지는 방법과 오일러가 알아낸 소수를 만들어 내는 공식에 대해서도 자세히 살펴보자. 또 팩토리얼(!)을 이용한 간편한 소수 판별법인 윌슨 판별법과 아직 명확하게 증명되지 못한 세계 3대 수학 난제 중 하나로 꼽히는 골드바흐 추측에 대한 궁금증까지 다룬다. 많은 수학자들이 도전 중인 소수를 찾아서 함께 떠나 보자. 참고로 여기에서는 널리 쓰이는 메르센느의 소수로 표기하였지만, 규범 표기는 메르센의 소수라는 것도 함께 알아두자.

메르센느의 소수
소수의 규칙에 대한 이야기

매쓰워치 이 수학툰은 메르센느의 소수 규칙에 대한 이야기야.

코마 메르센느?

매쓰워치 사실은, 메르센느는 17세기 프랑스에 살았던 수학자야. 그는 처음으로 소수를 만들어 내는 공식을 찾아냈어.

코마 어떤 공식이지?

매쓰워치 2를 여러 개 곱해서 1을 빼는데 이때 곱한 횟수를 소수로 하면 소수를 만들 수 있다고 했지. 처음 소수 몇 개를 봐. 2, 3, 5, 7, 11.

코마 2를 2개 곱한 후 1을 빼 봐.

베드론 그거야 쉽지. 2×2−1=3이 돼. 소수가 나왔어.

코마 2를 3개 곱하고 1을 빼면 2×2×2−1=7이 되네. 앗싸! 소수야!

베드론 이번에는 5개 곱해야지. 2×2×2×2×2−1=31이네. 우와! 또 소수가 나왔어!

코마 이번에는 7개 곱해야지. 2×2×2×2×2×2×2−1=127이니까, 헐! 또 소수! 이렇게 하면 항상 소수가 나와?

매쓰워치 그럴까? 더 해 봐!

베드론 이번에는 11개 곱해야지. 2×2×2×2×2×2×2×2×2×2×2−1=2047이니까 또 소수지? 맞지?

매쓰워치 아니. 2047은 소수가 아니야. 2047=23×89이거든.

> **코마** 정말이야. 2047은 합성수네.

> **매쓰워치** 메르센느의 방법으로 소수만 나오는 건 아니야. 하지만 이 방법으로 나오는 소수를 메르센느 소수라고 불러. 2를 곱한 횟수가 2, 3, 5, 7, 13, 17, 19, 31, 61, 89, … 등이 될 때 소수가 돼. 그러니까 127 다음의 메르센느 소수는 2를 13개 곱한 후 1을 뺀 수가 돼. 2×2×2×2×2×2×2×2×2×2×2×2×2−1=8191는 소수야.

> **코마** 아하! 이제 알겠어. 수학툰에서 노트북의 비밀번호 힌트였던 3, 7, 31, 127 NEXT는 바로 메르센느 소수를 차례로 쓴 것이네. 그래서 비번이 8191이었던 거구나.

> **베드로** 정말?

> **매쓰워치** 드디어 눈치를 챘구나!

오일러의 공식
소수가 만들어지는 다항식을 발견하다!

<코마> 우와, 이야기만 들어도 소수 공식을 찾는 게 쉬운 일이 아니라는 걸 알겠어.

<매쓰워치> 물론이야. 많은 수학자들이 소수의 규칙을 아직도 연구하고 있어. 하지만 소수는 아주 신비한 수야.

<베드몬> 메르센느 소수 규칙말고 다른 건 없어?

<매쓰워치> 물론 있지. 너무 어려운 공식 말고 조금 간단한 것으로 하나 보여 줄게. □×□+□+41라는 식이 있어. 이 식의 □에 0을 넣어 봐.

<코마> 너무 쉽지. 41이야.

<매쓰워치> 41은 소수야. □에 1을 넣어 봐.

<베드몬> 1을 넣으면 1×1+1+41=43. 43이야. 소수가 나왔어.

<코마> 신기하다. 다음엔 □에 2를 넣으면 47. 또 소수네?

<베드몬> 그래, 진짜 재미있다. □에 3을 넣으면 53. 또 소수야!

<매쓰워치> 수학자 오일러는 이런 식으로 하면 소수들이 나온다는 것을 알아냈어. 오일러의 공식에서 □에 0부터 10까지 넣으면 다음과 같은 소수들이 나와. 41, 43, 47, 53, 61, 71, 83, 97, 113, 131, 151.

윌슨의 소수 판별
팩토리얼을 이용한 간편한 방법

매쓰워치 이번에는 어떤 수가 소수인지 아닌지를 판정하는 방법을 알려줄게. 이 방법은 1770년 수학자 윌슨이 찾아낸 방법이야. 우선 팩토리얼에 대해 알아야 해.

코마 그건 뭔데?

매쓰워치 어떤 수의 팩토리얼은 1부터 시작해 차례대로 자연수를 그 수까지 곱한 것을 말해.

코마 3 팩토리얼은 1부터 3까지 차례로 자연수를 곱하면 되니까 1×2×3이 되는군.

매쓰워치 수학자들은 팩토리얼을 나타내는 기호로 느낌표 !를 사용했어. 그러니까 3!은 1부터 3까지 곱하는 거야. 3!=1×2×3으로 쓸 수 있지. 3!을 3팩토리얼이라고 읽는 거고.

베드몬 그런데 왜 느낌표를 사용한 거지?

매쓰워치 수를 차례대로 곱하면 수가 굉장히 커지거든. 그래서 놀람을 나타내는 느낌표를 사용한 거야. 몇 개의 수의 팩토리얼을 쓰면 다음과 같아.

1!=1=1
2!=1×2=2
3!=1×2×3=6

4!=1×2×3×4=24

5!=1×2×3×4×5=120

6!=1×2×3×4×5×6=720

베드몬 정말 숫자가 엄청나게 커지네.

매쓰워치 윌슨은 (□-1)!+1을 생각했어. 그러고는 □에 2 이상의 자연수를 차례로 대입해 보았지. 그러다가 □가 소수면 (□-1)!+1은 □의 배수가 된다는 것을 알아냈지.

베드몬 정말 그런가?

코마 정말이야. □에 2를 넣으면 (□-1)!+1=(2-1)!+1=1!+1=2는 2의 배수가 되네.

매쓰워치 2는 소수이니까.

베드몬 □에 3을 넣으면 (□-1)!+1=(3-1)!+1=2!+1=3이 되니까 역시 3의 배수야.

매쓰워치 3 역시 소수이니까.

코마 □에 4를 넣으면 (□-1)!+1=(4-1)!+1=3!+1=7인데, 7은 4의 배수가 아니야.

매쓰워치 4는 소수가 아니니까 그래.

베드몬 더 해 보자. □에 5를 넣으면 (□-1)!+1=(5-1)!+1=4!+1=25는 5의 배수가 됐어.

매쓰워치 5는 소수이니까.

코마 □에 6을 넣으면 (□-1)!+1=(6-1)!+1=5!+1=121은 6의 배수가

아니야.

매쓰워치 6은 소수가 아니니까.

베드몬 재미있는 규칙이네.

매쓰워치 맞아. 이 규칙은 1773년에 프랑스 수학자 라그랑주가 증명까지 했어.

골드바흐의 추측
아직도 증명되지 못한 세계 3대 수학 난제 중 하나!

매쓰워치 이번에는 아직까지 증명되지 않은 재미있는 규칙을 알려 줄게. 만약 너희가 이 규칙을 증명한다면 세계 최고의 수학자가 될 수 있어.

베드몬 도전!!

코마 요즘 나도 수학에 자신감이 조금씩 생기고 있거든. 왠지 도전해 보고 싶긴 해.

매쓰워치 쉽지는 않을 걸? 세계 3대 난제 중 하나로 꼽히는 문제거든.

코마 한 번 도전해 보는 거지, 뭐.

매쓰워치 그래, 의미있는 도전이 될 거야. 1742년 러시아의 수학자 골드바흐가 수학자 오일러에게 다음과 같은 내용의 편지를 보냈어.

베드로 2보다 큰 짝수니까 4를 두 소수의 합으로 나타내면 4=1+3이 되는 건가?

매쓰워치 아니지. 1은 소수가 아니잖아. 그러니까 4=2+2라고 하면 2는 소수이니까 두 소수의 합이 되지.

코마 6은 내가 해 볼게. 6을 두 수의 합으로 나타내는 방법은 6=1+5, 6=2+4, 6=3+3이야. 그런데 1과 4는 소수가 아니니까 두 소수의 합으로 나타내면 6=3+3 밖에 없네.

매쓰워치 잘했어. 8과 10을 두 소수의 합으로 나타내면 8=3+5, 10=3+7이 돼.

코마 재미있는 규칙이네.

▶▶▶ 개념 정리 QUIZ

1. 2×2×2×2×2×2×2×2×2×2×2×2×2×2×2×2−1은 소수인가?

2. 12를 두 개의 소수의 합으로 나타내라.

3. (8−1)!+1은 8의 배수인가?

※ Quiz의 정답은 134쪽에 있습니다.

 개념 다지기

완전수를 만드는 공식

완전수를 찾는 일반적인 방법을 알아봅시다. 우선 2의 거듭제곱 수를 차례로 씁니다.

1, 2, 4, 8, 16

이 수들로 연속되는 수들의 합을 구해 봅시다.

 1+2=3

 1+2+4=7

 1+2+4+8=15

 1+2+4+8+16=31

 1+2+4+8+16+32=63

 1+2+4+8+16+32+64=127

이 중에서 3, 7, 31, 127은 소수이지만 15와 63은 소수가 아닙니다. 이렇게 최종 결과가 소수가 아닌 것을 제외하면 다음과 같습니다.

 1+2=3

 1+2+4=7

 1+2+4+8+16=31

 1+2+4+8+16+32+64=127

이때 더한 마지막 수와 결과의 수를 곱하면 완전수를 얻을 수 있습니다. 즉, 첫 줄에서 2×3=6, 둘째 줄에서 4×7=28, 셋째 줄에서 16×31=496. 넷째 줄에서 64×127=8128이 완전수가 됩니다.

QR코드를 통해 정완상 교수의 강의를 직접 들어 봅시다.

페르마의 마지막 정리

역사상 최대의 수학 난제라 불리던 '페르마의 마지막 정리'가 풀렸다. 정리 자체만 놓고 보면 내용이 너무나 단순해 초등학생도 풀 수 있을 정도로 간단하다. 하지만 내로라하는 최고의 석학들이 도전해도 350년 가까이 풀리지 않던 수학 역사상 최대의 수학 난제, 말 그대로 최후의 문제로 불리던 문제였다. 1963년에 10살에 불과했던 와일즈라는 소년이 이 문제에 도전했고, 30여 년 가까이 이 문제에 매달린 끝에 결국에는 증명에 완벽하게 성공한다. 이 문제를 해결해 내겠다는 어릴 적 꿈을 마음속에 간직한 채 끊임없이 도전해 결국 그 꿈을 이뤄 낸 어린 소년의 이야기와 함께 페르마의 마지막 정리를 살펴보자.

페르마의 마지막 정리
10세 소년, 와일즈의 도전

<코마> 페르마는 어떤 사람이지? 보통 수학자들은 대학교 교수거나 수학연구소 소속이던데?

<매쓰워치> 페르마는 교수나 연구원이 아니야.

<코마> 그럼 직업이 뭔데?

<매쓰워치> 변호사야.

<코마> 뭐라고? 변호사? 변호사가 수학을?

<매쓰워치> 페르마는 변호사일을 하면서 퇴근 후에 수학책 읽는 것을 좋아했어. 그리고 수학에 대한 새로운 연구 결과를 수학자들에게 편지로 보내는 것도 좋아했지.

<코마> 대단하네.

<베드온> 변호사와 수학이라, 투잡인 셈이네!

<매쓰워치> 맞아. 페르마가 제일 좋아한 책은 고대 그리스의 수학자 디오판토스가 쓴 『산술』이라는 책이야. 페르마는 이 책을 읽고 또 읽었어. 그러고는 디오판토스의 문제에 재미를 느끼게 된 거야.

<코마> 디오판토스의 문제?

<매쓰워치> 디오판토스는 □+△=3과 같은 식을 만족하는 자연수에 대해 궁금해 했어.

<베드온> 너무 쉽네. □=1, △=2이거나 □=2, △=1이 답이야.

매쓰워치 맞아. 디오판토스의 문제는 다음과 같이 피타고라스 문제로 바뀔 수 있어. □×□+△×△=25

코마 우와! 어려워 보여.

매쓰워치 이럴 때는 □를 1부터 차례로 변하게 하면서 △를 찾으면 돼. □에 1을 넣으면 1×1+△×△=25이니까 1+△×△=25가 되지.

베드몬 그렇다면 △×△=24가 돼. 하지만 같은 수를 두 개 곱해 24가 나오게 할 수는 없어.

매쓰워치 그럼 이번에는 □에 2를 넣어 봐.

코마 그렇다면 2×2+△×△=25이니까 4+△×△=25가 되지. 그러니까 △×△=21이 되어야 해.

베드몬 같은 수를 두 개 곱해 21이 나오게 할 수는 없어.

매쓰워치 그럼 이번에는 □에 3을 넣어 봐.

코마 그렇다면 3×3+△×△=25이니까 9+△×△=25가 되지. 그러니까 △×△=16이 되어야 해.

코마 어랏! 16=4×4가 돼.

베드몬 그렇다면 △=4가 되는군.

매쓰워치 맞아. 마찬가지로 □에 4를 넣으면 4×4+△×△=25이니까 16+△×△=25가 되지. 그러니까 △×△=9가 되어야 해.

코마 9=3×3이니까 △=3이 되는군.

베드몬 그러니까 □=3, △=4이거나 또는 □=4, △=3이면 돼.

매쓰워치 25는 25= 5×5라고 쓸 수 있잖아? 그러니까 □×□+△×△=◇

×◇를 만족하는 자연수 □, △, ◇가 가능해. □=3, △=4, ◇=5 또는 □=4, △=3, ◇=5이면 되니까.

매쓰워치 페르마는 같은 수를 두 번 곱하는 것을 여러 번 곱하는 것으로 바꾸었을 때를 생각했어. 같은 수를 세 번 곱할 경우, □×□×□+△×△×△=◇×◇×◇이 되잖아? 페르마는 이 식을 만족하는 자연수 □, △, ◇를 찾으려고 했어.

코마 찾았어?

매쓰워치 아니. 그런 자연수는 없었어. 그래서 페르마는 □×□×□+△×△×△=◇×◇×◇를 만족하는 자연수 □, △, ◇는 없다고 생각했지. 페르마는 같은 수를 네 번씩, 다섯 번씩, … 곱하는 경우도 생각했어. □×□×□×□+△×△×△×△=◇×◇×◇×◇이거나, □×□×□×□×□+△×△×△×△×△=◇×◇×◇×◇×◇인 경우야. 이런 경우에도 자연수 □, △, ◇를 찾을 수 없었지. 페르마는 이것을 더 확장해 같은 수를 임의의 횟수씩 곱하는 경우에도 자연수 □, △, ◇를 찾을 수 없었어. 결국, 페르마는 이것을 증명하지 못했어. 이것을 페르마의 마지막 정리라고 불러.

코마 그럼, 누가 증명했는데? 페르마의 마지막 정리가 증명됐다는 소식을 들었던 것 같은데?

매쓰워치 맞아. 많은 수학자들이 페르마의 마지막 정리 증명에 도전했어. 같은 수를 네 번씩 곱하는 경우 자연수 □, △, ◇가 없다는 것은 페르마가 증명했고, 그 후, 340여 년 동안 일반적으로 페르마의 마지막 정리는 증명이 되지 않았어. 그러다가 미국 프린스턴 대학의 앤드류 와일즈가 1993년 6월 21일, 22일, 23일에 영국 뉴턴 연구소에서 세계적인 수학자들 앞에서 페르마의 마지막 정리를 증명했어. 그 증명이 옳은지 전문가들이 검증을 했는데, 그해 12월 4일, 와일즈의 증명에 문제가 발견됐어. 이듬해인 1994년 와일즈는 동료 수학자 테일러와 함께 그 문제를 해결했지. 그렇게 와일즈에 의해 1994년 10월 6일, 페르마의 마지막 정리는 완벽하게 증명되었다고 발표됐어.

<코마> 340여 년 동안 안 풀린 문제가 해결되다니.

<매쓰워치> 더 놀라운 것은 와일즈가 페르마의 마지막 정리를 증명하겠다고 처음 포부를 밝힌 건 10세 때였어.

<코마> 10세 때?

<매쓰워치> 수학책을 좋아했던 와일즈에게 아버지는 생일 선물로 『페르마의 마지막 정리』라는 책을 선물했는데 이 책을 읽은 와일즈는 자신의 목표를 이 정리를 증명하는 것으로 정했고, 실제로 30년 이상의 노력 끝에 결국 이 정리를 증명하게 된 거야.

<코마> 우와, 정말 대단한 도전이네.

<베드몬> 그래, 30년 동안 얼마나 열심히 공부했겠어. 정말 멋있다!

▶▶▶ 개념 정리 QUIZ

1. $2^3 \times 2^4 = 2^\triangle$일 때 △를 구하라.

2. $2^8 \div 2^4 = 2^\triangle$일 때 △를 구하라.

3. $5 \times 5 + \triangle \times \triangle = 13 \times 13$을 만족하는 자연수 △를 구하라.

※ Quiz의 정답은 135쪽에 있습니다.

개념 다지기

페르마의 소수 공식

1640년 페르마는 소수만을 나오게 하는 공식을 발표했는데 그것은 다음과 같이 복잡한 꼴이었습니다.

$$2^{2^N}+1$$

페르마는 이 식의 N에 0, 1, 2, 3, …을 대입하면 항상 소수가 나온다고 믿었습니다. 그의 생각대로 이 식에 N=0을 대입하면 $2^0=1$이므로 $2^{2^N}+1$은 2^1+1이 되어 3이 되고 이런 식으로 N에 차례로 0, 1, 2, 3, 4, 5를 대입하면, 3, 5, 17, 257, 65537, 4294967297이 되는데 그는 이런 식으로 소수를 만들 수 있다고 주장했습니다. 하지만 1732년 오일러는 초인적인 계산을 통해 4294967297이 소수가 아님을 발견했지요. 그의 계산에 따르면 4294967297=6700417×641로 소인수 분해가 되므로 4294967297은 소수가 아니었답니다.

QR코드를 통해 정완상 교수의 강의를 직접 들어 봅시다.

부록

[수학자에게서 온 편지]
페르마

[논문]
3의 배수, 4의 배수 및 7의 배수 판별법에 관한 연구

개념 정리 QUIZ 정답

용어 정리 & 찾아보기

| 수학자에게서 온 편지 |

페르마
(Pierre de Fermat)

안녕하세요. 나는 페르마의 마지막 정리로 유명한 페르마입니다. 나는 1601년 프랑스 타른에가론주 보몽 드 로마뉴(Beaumont-de-Lomagne)에서 보몽의 부영사이며, 피혁 가게를 운영하는 도미니크 페르마(Dominique Fermat)와 법의학자 가문의 딸이었던 클레르 드 롱(Claire de Long) 사이에서 태어났어요. 나는 어린 시절, 아주 평범한 학생이었답니다.

나는 1623년 오를레앙 대학교 법학과에 입학해 1626년 대학을 졸업했어요. 언어를 공부하는 것을 아주 좋아했던 터라 모국어인 프랑스어 외에도 라틴어, 그리스어, 이탈리아어, 스페인어, 오크어 등을 말할 수 있었지요.

대학을 졸업한 나는 프랑스 서부에 있는 보르도에서 변호사 생활을

했어요. 이때 많은 책들을 읽었는데, 고대 그리스의 수학자 아폴로니오스의 논문을 본 후, 수학의 아름다움에 빠져, 취미로 수학 공부를 하기 시작했지요. 아, 내가 수학자가 아니라 변호사였다고 하면 많이들 놀라곤 해요. 수학을 매우 좋아했던 변호사라고 해 둘까요?

수학 공부를 시작하면서 나는 수학의 아름다움에 빠져 수학에 대한 연구를 깊게 할 수 있었어요. 이로 인해 데카르트, 메르센과 같은 유명한 수학자들과 편지를 주고받을 수 있게 되었지요.

대부분의 사람들은 미분과 적분을 뉴턴과 라이프니츠가 처음 알아냈다고만 알고 있어요. 하지만 미분과 적분에 대한 최초의 아이디어를 낸 사람은 바로 나예요. 나는 곡선에 접하는 직선을 긋는 방법을 연구했는데 이것이 훗날 미분이 되었거든요.

나는 어떤 양이 언제 최대가 되는지 언제 최소가 되는지를 알 수 있는 방법을 찾아냈어요. 이를 이용하여 나는 빛이 반사될 때 입사각과 반사각이 같을 때 빛이 여행하는 시간이 최소가 된다는 걸 알아냈지요. 그것뿐만 아니라, 빛이 공기에서 물로 들어갈 때 굴절되는 경우가 더 적은 시간이 걸린다는 것을 알아냈어요. 또 나는 디오판토스의 책을 읽다가 정수의 신비에 빠지게 되었어요. 그래서 소수에 대한 많은 연구를 했지요. 평생을 취미로 수학 연구를 한 나는 유명한 페르마의 마지막 정리를 발표하게 되었어요. 나의 마지막 정리는 다음과 같아요.

페르마의 마지막 정리

X를 n개 곱한 것을 X^n이라고 쓰면 3 이상의 자연수 n에 대해 $X^n+Y^n=Z^n$을 만족하는 자연수 (X, Y, Z)는 존재하지 않는다.

나는 아무리 뛰어난 증명을 해도 그것을 발표하는 것을 꺼렸어요. 내 논문을 보고 수 많은 사람들이 질문을 할 것 같아서 귀찮았기 때문이에요. 그래서 나는 내가 연구한 책의 여백에 작은 글씨로 정리를 해 놓고는 했지요. 나는 마지막 정리에 대해 "책의 여백이 너무 좁아 증명을 쓸 수 없다."라는 메모를 남겨 놓았어요. 내가 죽은 후 나의 아들이 내가 연구했던 수학 자료들을 모아 세상에 내놓으면서 내가 연구한 내용들이 알려지기 시작했어요. 나의 마지막 정리를 증명하려고 수 많은 수학자들이 뛰어들었지요.

스위스의 수학자 오일러는 페르마의 마지막 정리를 증명하기에 앞서 자료를 조사했고, 내가 n이 3인 경우에 대해 증명을 해 놓은 것을 발견했어요. 이를 토대로 해서 n이 3인 경우와 4인 경우에 대해 증명을 해냈지요. 하지만 오일러도 모든 n값에 대해 증명을 하지는 못했어요. 1665년 내가 죽은 이후 약 200여 년 동안 겨우 몇 가지 경우를 제외하고는 증명이 되지 않자 19세기 초 프랑스 과학아카데미에서 '페르마의 마지막 정리를 푸는 사람에게 3,000프랑의 상금과 메달을 수여한다.'는 발표를 했어요. 당시 최고의 수학자였던 독일의 가우스에게 많은 사람들이 이 문제에 도전해 볼 것을 권했다고 해요. 하지만 가우스는 이 문제를 풀 수 없는 문제로 단정해 도전조차 하지 않았다고 하네요. 아이러니하게도 가우스가 풀 수 없다고 생각했던 이 문제는, 결국 가우스의 복소수에 대한 연구가 풀이의 출발점이 되었답니다.

컴퓨터가 등장하면서 '페르마의 마지막 정리가 옳다'는 것은 명확해졌지만, 누구도 모든 자연수에 대해 이 문제를 증명해 내지 못했어요. 페르마의 마지막 정리는 더 이상 풀 수 없는 문제로 남겨질 것 같았는데, 아주 오랜 시간이 지난 후인 1994년 영국의 수학자 앤드류 와일즈에 의해 증명이 됩니다.

와일즈는 10살 때 페르마의 마지막 정리를 접하고 이 문제를 자기가 꼭 풀어야겠다는 목표를 세웠다고 해요. 그 후 약 30여 년 동안 이 문제를 풀기 위해 노력했고, 결국 완벽하게 증명을 해내고야 말았지요. 약 350여 년 동안 수 많은 위대한 수학자들이 도전했던 페르마의 마지막 정리는, 결국 이렇게 증명되었습니다. 10살 소년의 꿈이 이루어진 순간이었지요.

사진 : Public domain/Wikipedia

성림주니어북 수학연구소 논문, 126쪽

3의 배수, 4의 배수 및 7의 배수 판별법에 관한 연구

오배수, 2021년(진주 정상 초등학교)

요약

이 연구에서 우리는 3의 배수, 4의 배수 및 7의 배수의 판별법을 증명한다.

1. 서론

배수는 약수와 더불어, 일상생활에서 많이 사용된다. 2의 배수는 짝수로 알려져 있다. 약수와 배수를 누가 처음 정의했는지는 역사적으로 잘 알려져 있지 않다. 하지만 최대 공약수와 최소 공배수에 대한 연구 및 약수와 배수의 성질에 대한 연구는 기원전 그리스 시대에 수학자 유클리드가 쓴 『원론』[1]이라는 책에 잘 소개되어 있다. 이 책에서 유클리드는 최대 공약수를 구하는 새로운 방법을 알아냈는데 그 방법을 유클리드의 호제법이라 부른다.

2. 임의의 세 자릿수에서 3의 배수 판정법에 대한 증명

387처럼 세 자릿수를 생각하자. 이 수는 다음과 같이 쓸 수 있다.

$387 = 3 \times 100 + 8 \times 10 + 7$

그러므로 임의의 세 자릿수는

$a \times 100 + b \times 10 + c$ (1)

라고 쓸 수 있다. 이 경우, a는 0이 아니고, 1부터 9까지의 수 중 하나이다. 이제 이 세 자릿수가 3의 배수가 되기 위한 조건을 찾아보자.

$100 = 99 + 1$, $10 = 9 + 1$ 이므로

우리는 다음과 같이 쓸 수 있다.

$a \times 100 + b \times 10 + c = a \times (99+1) + b \times (9+1) + c$ (2)

여기서 분배법칙을 이용하면,

$a \times 100 + b \times 10 + c = a \times 99 + a + b \times 9 + b + c$ (3)

이 된다.

여기서 우리는

$1 \times a = a$

를 이용했다. (3)에서 순서를 바꿔쓰면,

$a \times 100 + b \times 10 + c = (a \times 99 + b \times 9) + a + b + c$ (4)

이 된다. 99는 3의 배수이고, 9도 3의 배수이므로, $(a \times 99 + b \times 9)$는 3의 배수와 3의 배수의 합이 되어, 3의 배수가 된다. 그러므로 $a+b+c$가 3의 배수이면 임의의 세 자릿수 $a \times 100 + b \times 10 + c$는 3의 배수가 된다.

3. 임의의 네 자릿수에서 4의 배수 판정법에 대한 증명

이번에는 임의의 네 자릿수가 4의 배수가 되기 위한 조건을 구해 보자. 임의의 네 자릿수는 다음과 같이 쓸 수 있다.

a×1000+b×100+c×10+d   (5)

여기서 a는 0이 아니고, 1부터 9까지의 수 중 하나이다. 이제 이 네 자릿수가 4의 배수가 되기 위한 조건을 찾아보자.

1000=4×250, 100=4×25이므로 1000과 100은 4의 배수이다. 따라서 c×10+d가 4의 배수이면 주어진 수는 4의 배수이다. 즉, 끝의 두 자리의 수가 4의 배수이면 주어진 수는 4의 배수가 된다.

4. 임의의 다섯 자릿수에서 5의 배수 판정법에 대한 증명

이번에는 임의의 다섯 자릿수가 7의 배수가 되기 위한 조건을 구해 보자. 임의의 다섯 자릿수는 다음과 같이 쓸 수 있다.

a×10000+b×1000+c×100+d×10+e   (6)

여기서 a는 0이 아니고, 1부터 9까지의 수 중 하나이다. 이제 이 다섯 자릿수가 7의 배수가 되기 위한 조건을 찾아보자.

이때 143×7=1001, 1430×7=10010을 이용하면 식(6)은

a×(1430×7-10)+b×(143×7-1)+c×100+d×10+e   (7)

이 된다.

분배법칙을 이용하면 식 (7)은

a×1430×7+b×143×7+c×100+d×10+e-(a×10+b)

이 된다.

이중, a×1430×7+b×143×7은 7의 배수이므로 나머지 항이 7의 배수이면 주어진 수는 7의 배수가 된다.

그러므로 임의의 다섯 자릿수가 7의 배수가 되려면

c×100+d×10+e-(a×10+b)

이 7의 배수이면 된다.

그러므로 뒤의 세자릿수에서 앞의 두 자릿수를 뺀 수가 7의 배수이면 주어진 다섯 자리의 수는 항상 7의 배수가 된다.

참고문헌

[1] 유클리드, 『기하학원론』

GAME 1 개념 정리 QUIZ 정답

1. 100의 약수는 1, 2, 4, 5, 10, 20, 25, 50, 100이다.

2. 140의 1을 제외한 진약수들의 합은 2+4+5+7+10+14+20+28+35+70=195이다.
195의 1을 제외한 진약수들의 합은 3+5+13+15+39+65=140이다. 1과 자기 자신을 제외한 나머지 약수의 합이 다른 한 수와 같은 두 수이므로 140과 195는 부부수이다.

3. 12와 약분되는 수를 찾으면 된다. 그 수들은 12의 약수인 1, 2, 3, 4, 6, 12이다.

GAME 2 개념 정리 QUIZ 정답

1. 56의 약수는 1, 2, 4, 7, 8, 14, 28, 56이고, 84의 약수는 1, 2, 3, 4, 6, 7, 12, 14, 21, 28, 42, 84이므로 최대 공약수는 28이다.

2. 세 수의 최대 공약수는 4이다.

$$
\begin{array}{r|rrr}
2 & 28 & 36 & 52 \\
2 & 14 & 18 & 26 \\
\hline
 & 7 & 9 & 13
\end{array}
$$

3. 구하는 수는 198−6=192와 89−5=84의 최대 공약수인 12이다.

GAME 3 개념 정리 QUIZ 정답

1. 180

2. 두 수의 공배수는 최소 공배수의 배수이다. 그러므로 100이하의 12의 배수는 8개이다.

3. 자연수가 되려면 분모 2, 7의 최소 공배수인 14를 곱해야 한다. 그러므로 분자는 14가 되어야 한다. 그리고 가장 작은 자연수가 되게 하려면 곱하는 분수의 분모는 9, 12의 최대 공약수가 되어야 한다. 그러므로 구하는 분수는 $\frac{14}{3}$가 된다.

GAME 4 개념 정리 QUIZ 정답

1. (나)
111은 3의 배수이므로 소수가 아니다.

2. 2×3×5×7

3. 180=2×2×3×3×5이므로 소인수는 2, 3, 5로 세 개다

GAME 5 개념 정리 QUIZ 정답

1. 계산기를 이용해 계산하면 이 값은 32767이고, 이 수는 1, 7, 31, 151, 217, 1057, 4681, 32767를 약수로 가지므로 소수가 아니다.

2. 12=5+7로 나타낼 수 있다.

3. 8은 소수가 아니므로 (8−1)!+1은 8의 배수가 아니다.

GAME 6 개념 정리 QUIZ 정답

1. △=3+4=7이다.

2. △=8-4=4이다.

3. 5×5+△×△=13×13을 다시 쓰면 25+△×△=169이므로 △×△=144=12×12이다. 그러므로 △=12이다.

수학 교과서 속 용어 정리 & 찾아보기

[약수] 32쪽, 37쪽, 48쪽, 89쪽

어떤 수를 나누어 나머지가 생기지 않게 하는 수. 예를 들어 3은 6의 약수.

[약수의 개수] 29쪽, 33쪽

자연수를 약수의 개수를 기준으로 분류해 보면 다음과 같다. 1은 약수의 개수가 1개, 2, 3, 5, 7, 11, …과 같은 소수는 약수의 개수가 2개, 4, 6, 8, 9, 10, …과 같은 합성수는 약수의 개수가 3개 이상이다. 또 4=2×2처럼 같은 두 수의 곱으로 쓸 수 있는 수들은 약수의 개수가 홀수개이다.

[진약수] 36쪽

자기 자신을 제외한 나머지 약수들을 그 수의 진약수라고 부른다. 예를 들면, 6의 진약수는 1, 2, 3이다.

[완전수] 36쪽, 108쪽

자신의 진약수들의 합과 같은 수를 완전수라고 한다. 예를 들면, 6=1+2+3으로 진약수인 1, 2, 3을 합한 수와 같으므로 6은 완전수이다.

[부족수] 6쪽

진약수들의 합이 자기 자신보다 작은 수를 부족수라고 한다.

수학 교과서 속 용어 정리 & 찾아보기

[과잉수] 36쪽

약수들의 합이 원래의 수보다 큰 수를 과잉수라고 한다.

[공약수] 48쪽

두 개 이상의 수들이 있을 때, 이 수들의 공통인 약수를 공약수라고 한다. 1은 두 수 이상인 수의 공약수이다.

[최대 공약수] 48쪽, 54쪽, 124쪽

공약수들 중에서 가장 큰 수를 최대 공약수라고 부른다.
관련 용어 : 약수, 공약수, 최대 공약수의 활용

[배수] 65쪽, 124쪽

어떤 수의 몇 배한 수를 그 수의 배수라 한다.

[공배수] 65쪽

두 개 이상의 수들에 대해, 각각의 수들의 배수들 중에서 공통인 수들을 공배수라고한다.

[최대 공배수] 124쪽

공배수들 중에서 가장 작은 수를 최소 공배수라고 부른다.

수학 교과서 속 용어 정리 & 찾아보기

[소수] 84쪽, 87쪽

1과 자기 자신만을 약수로 갖는 자연수를 소수라고 한다.

[합성수] 84쪽

소수가 아닌 수를 합성수라고 부른다. 단, 1은 소수도 합성수도 아니다.

[쌍둥이 소수] 88쪽

두 소수의 차가 2가 되는 소수를 쌍둥이 소수라 한다.

[사촌 소수] 88쪽

두 소수의 차이가 4가 되는 소수를 사촌 소수라 한다.

[소인수 분해] 89쪽

자연수를 소수들만의 곱으로 나타내는 것을 소인수분해라고 부른다.
관련 용어 : 약수, 소수

[메르센느의 소수] 98쪽

2를 여러 개 곱해서 1을 빼는데 이때 곱한 횟수를 소수로 하여 만든 소수를 메르센느 소수라 부른다.

[오일러의 공식] 102쪽

오일러가 알아낸 소수가 만들어지는 다항식. □×□+□+41에서 □에

수학 교과서 속 용어 정리 & 찾아보기

0, 1, 2, 3, …을 넣으면 소수가 된다. □에 0부터 10까지 넣으면 소수인 41, 43, 47, 53, 61, 71, 83, 97, 113, 131, 151이 나온다.

[골드바흐의 추측]   105쪽

2보다 큰 모든 짝수는 두 개의 소수의 합으로 나타낼 수 있다. 이것을 골드바흐의 추측이라 부른다.

[페르마]   114쪽, 122쪽

피에르 페르마(Pierre de Fermat)는 수학 교수나 연구원이 아니다. 1601년 프랑스에서 태어난 변호사이고, 수학을 취미로 즐겼다.
관련 용어 : 페르마의 마지막 정리, 앤드류 와일즈

[앤드류 와일즈]   115쪽

1953년 영국에서 태어난 앤드류 존 와일즈는 프린스턴 대학교 수학과 교수를 지냈다. 페르마의 마지막 정리를 증명해 낸 수학자이다.
관련 용어 : 페르마, 페르마의 마지막 정리

[페르마의 마지막 정리]   113쪽, 115쪽

페르마가 예상한 정수론상의 문제. n을 2보다 큰 자연수라고 하면, $X^n + Y^n = Z^n$은 자연수의 해를 갖지 않는다.
관련 용어 : 페르마, 앤드류 와일즈, 피타고라스의 정리

중학교에서도 통하는 초등수학
개념 잡는 수학툰
❸ 약수, 배수, 소수에서 페르마의 마지막 정리까지

ⓒ 정완상, 2021

초판 1쇄 발행 2021년 11월 10일
초판 2쇄 발행 2022년 5월 30일

지은이   정완상
그림   김민
펴낸이   이성림
펴낸곳   성림북스

책임편집 강현옥
디자인   윤주열

출판등록 2014년 9월 3일 제25100-2014-000054호
주소   서울시 은평구 연서로3길 12-8, 502
대표전화 02-356-5762
팩스   02-356-5769
이메일   sunglimonebooks@naver.com

ISBN   979-11-88762-31-6 (74410)
            979-11-88762-21-7 (set)

* 책값은 뒤표지에 있습니다.
* 이 책의 판권은 지은이와 성림북스에 있습니다.
* 이 책의 내용 전부 또는 일부를 재사용하려면 반드시 양측의 서면 동의를 받아야 합니다.